하나님나라의
매치메이커

하나님나라의
매치메이커

2019년 5월 1일 초판 발행

지 은 이 | 채미자
펴 낸 이 | 정사철
편 집 인 | 유정훈
편집교정 | 김희순
디 자 인 | 한영애

발 행 처 | (사)기독대학인회 출판부(ESP)
서울시 강북구 덕릉로 77
Tel 02)989-3476~7 | Fax 02)989-3385

캠퍼스 목자 40년 발자취

하나님나라의
매치메이커

채미자 지음

"내가 하나님의 열심으로 너희를 위하여 열심을 내노니
내가 너희를 정결한 처녀로 한 남편인 그리스도께 드리려고
중매함이로다"(고후 11:2)

ESP

나는 채미자 간사로부터 받은 회고록을 읽고 3번 놀랐다.

첫째, 짧은 시간에 이렇게 대단한 글을 썼다는데 놀랐다. 책을 한 권 쓴다는 것은 작가들도 어려운 일인데, 이런 내용 있는 책을 매우 짧은 시간에 완성했다.

둘째, 나는 채미자 간사를 곁에서 늘 지켜보고 있었는데, 내가 생각했던 것보다 더 대단한 일을 했다는 것에 놀랐다.

셋째, 진짜 놀란 것은 이 책의 내용이었다. 대부분의 자서전은 그 인생을 미화해서 쓰기 쉬운데, 이 책은 사실 위주의 이야기를 꾸밈없이 썼다. 그래서 하나하나의 글들이 많은 의미를 함축하고 있기에 읽고 또 읽어도 새롭고 영감이 떠오르게 된다.

일생을 진실하게 주님을 섬기고 살았던 그리스도의 일꾼으로서 삶의 구석구석에 사도 바울과 예수 그리스도의 향기가 느껴지는 글이다. 그러므로 많은 후배들 그리고 진실로 주님의 종으로 살고자 하는 사람들이 읽으면 많은 지혜와 영감을 얻게 되고 복음으로 살고자 하는 의욕과 열망을 가지리라고 믿는다.

채미자 간사를 처음 만나게 된 것은 그가 대학 2학년 때인 것으로 기억된다. 당시 말구유 회관에 한양대학교 멋쟁이 여학생들이 많이 모여 들었는데, 그 중의 한 학생이었다. 그녀는 다른 여학생처럼 화려하게 멋을 부리는 학생은 아니었다. 항상 단정하고 깔끔한 예쁜 모습에 무언가 생각이 있어 보였다. 처음에 그에게서 눈에 띄는 신앙성장을 발견하지는 못했다. 그러나 언젠가 부터 성경을 열심히 공부했고 일대일을 통해서 학생들을 잘 돕는 모습이 보였다. 그래서 앞으로 잘 성장하면 좋은 일꾼이 되리라 생각하며 눈여겨보았다. 그녀는 일대일을 아주 잘했다. 학생들이 한번 그에게 붙들리면 꼼짝 없이 제자로 성장했다. 목자에게 있어서 최고의 은사는 일대일이다. 그래서 졸업하고 취직 전까지 계속 일대일을 하다 보면 이 재미(?)를 못 놀 것이라는 생각이 들었다.

채미자 간사는 졸업 후 사범대를 나왔기 때문에 교사로 갈 수 있는 길이 있었지만 간사로 부르심에 응했다. 그가 간사로 부르심에 응한 것이 얼마나 잘 한 일인가? 국내외적으로 훌륭한 제자들을 양성했고, 유명한 의사, 판사, 변호사, 박사, 사업가, 교사, 교수들, 수두룩한 일꾼들이 그의 제자로 요소요소에서 하나님을 섬기고 있다. 세계를 이웃집 다니듯이 누비지 않았는가? 채미자 간사는 한국에 있으면서도 어떤 선교사 못지않게 세계 선교의 열매를 많이 맺었다.

채미자 간사는 대학생부터 일대일로 사람을 키우는 것이 계기가 되어 간사가 되었고, 국내 사역뿐 아니라 해외에 나가서도 이 사역으로 많은 선교의 열매를 맺었다. 그가 수년 동안 중국에서 맺은 열매는 수많은 사람들을 감동시켰다. ESF의 트레이드마크인 성경공부와 일대일을 통해서 하나님 나라의 역사에 큰 열매를 거둔 채미자 간사의 위대한 모범을 이 책을 통하여 접할 수 있길 바란다.

ESF한양지구 개척목사 안 병 호

나는 채미자 간사가 은퇴한다는 말을 듣고 아쉬운 생각이 많이 들었다.

채미자 간사는 한양 회관만을 위한 목자는 아니었다. 이미 ESF 대표를 역임하고, 한양회관과 동대문회관의 책임간사를 담당했던 분이다. 모든 우리 ESF 형제, 자매들, 특히 간사들의 언니, 누나, 어머니 노릇을 해온 분이다. 모든 남녀 간사를 통 털어 우리 ESF에서 이 사람 만큼 헌신하여 일하고 그의 생애를 송두리째 바친 사람은 없다. 아마도 오늘날 대한민국, 나아가서 전 세계에서도 대학생 복음 사역을 위하여 이 사람만큼 청춘을 바쳐 헌신한 사람은 찾아보기가 쉽지 않을 것이다.

나는 그가 우리 가운데서 함께 일하고, 함께 한 시대를 섬겼다는 사실에 대해서 감사하고, 자랑스럽게 생각한다.

돌이켜 보면 채미자 간사는 누가 뭐라 해도 성경선생이다. 말씀을 사랑하고, 말씀을 가르치고, 성경 선생을 기른 사람이다. 그는 성경을 특별히 잘 가르치는 은사를 받은 사람 같다. 중국에서 외패를 사용하던 시절, 중국에 가서 총신대 총장 김의원 목사와 나는 신학을 강의했고, 채미자 간사는 성경을 가르친 일이 있다. 그런데 그 다음에 중국 형제들은 우리 신학자들보다는 성경선생을 다시 초청했다. 채미자 간사가 성경을 더 잘 가르친다는 것이었다. 그는 성경 본문을 잘 가르치기도 하지만 적용의 원리를 잘 가르쳐, 배우는 사람들이 쉽게 생활에 적용할 수 있게 하는 특출한 재능이 있다.

그의 제자는 국내에서는 말할 것도 없고, 전 세계에 두루 퍼져 있다.

한번 외국에 나가면 이곳 저곳에서 와 달라는 청빙을 거절할 수 없어 귀국하기가 힘들 정도였다. 성서한국은 물론 세계선교의 사명을 성실하게 감당했던 말씀의 사람이다.

　나는 채미자 간사가 하나님께서 부르실 때까지 계속 전국적으로, 세계적으로 계속 양무리들을 말씀으로 섬기길 바란다.

　채미자 간사가 은퇴하며 그의 비망록을 남겼다. 마치 그가 걸어온 발자취를 적어놓은 업무 일지를 들여다보는 것같이 솔직 담백하고 사실적이다. 화려한 미사여구가 없다. 그 흔한 자서전들처럼 자화자찬하며 독자들의 마음을 흔들려는 시도는 더욱 없다. 그래서 더 말끔하고 우리의 가슴을 울리게 한다.

　우리가 이 문제 많은 세상을 어떻게 살아야 할지 생각하게 하고, 믿음으로 살며 하나님께 헌신한다는 것이 어떤 것인가를 보여주는 책이다. 또한 우리 자신의 생애를 돌이켜 보게 하는 책이다.

　이 시대에 지각있는 사람들이 많이 읽기를 바란다.

개신대학원대학교 명예총장 손 석 태

　캠퍼스 복음운동에 헌신한 지도 어언 40년이 넘었다. 은퇴를 앞두고 지난날을 회상하니 감개가 무량하다. 가까이에 계신 분들이 "지난 은혜들을 나누며 글을 쓰라."는 권면을 했을 때는 별로 쓰고자 하는 생각이 없었다. 오늘날처럼 좋은 책도 많고, 갈수록 독서하는 사람도 줄어드는 상황에서 나까지 합세하여 혼란을 가중시킬 필요가 없다는 생각이었다.

　그러나 시간적인 여유가 생기게 되자 하나님께서 주신 은혜에 보답하는 길을 생각했다. 컴퓨터를 열고 들어갈 내용을 차례로 열거하다 보니 정말 많은 이야기들이 주마등처럼 스쳐 지나갔다. 특히 구원의 길에 들어서도록 영혼들을 간절히 돕고 또한 성서가정을 이루도록 하나님 나라의 매치메이커 역할을 할 수 있었다는 것이 놀랍게 다가왔다. 문제는 '주신 은혜를 어떻게 나눌 것인가?'였다. '혹시 자기 의로 하나님의 영광을 가리진 않을까?' 하는 염려가 되었다. 그래서 일단 사건을 기록하기로 했다. 사건도 모두 기록하기는 어려울 것 같고 생생하게 기억되는 것들 중심으로 살펴보았다.

　먼저는 내가 예수님을 영접하게 되는 과정과 간사의 삶으로 헌신, 간사 생활에서의 아픔, 감사, 충격적으로 다가왔던 사건을 기록하였다.

그리고 해외에서 선교사역에 쓰임 받으면서 느낀 부분들을 설명을 가미하여 남미와 아프리카, 아시아와 북미를 중심으로 기록하였다. 물론 그 외에도 많은 지역을 돌아보았지만 나의 기억에 가장 강하게 기억되는 것들을 중심으로 기록하였다.

요즈음 사람들을 보면 세계여행을 목표로 삼고 사는 느낌을 받는다. 나는 세계 곳곳을 다니고자 계획하지는 않았지만, 하나님의 은혜로 오대양 육대주를 다니며 세계선교의 현장을 경험했다. 순수하게 대학생들을 긍휼히 여기며 그리스도의 사랑을 베풀고 제자로 양육했을 뿐인데, 그 은혜가 너무나 크다. 하나님께서 나에게 구원을 베푸시고, 세계의 많은 부분을 보게 하시고, 쓰임 받게 하신 것을 감사하며 영광을 돌린다.

또한 각 장마다 칼럼을 넣었다. 여러 곳에 실린 내용들이 컴퓨터에 그대로 저장 되어 있었기에 첨가하였다. 칼럼은 복음의 현장에서 그 시대마다 있어진 사건에 대하여 나름의 고민과 사상이 깊이 들어 있는 생생한 글이다. 칼럼을 정리하면서 고비마다 겪었던 아픔이 떠오르며 오늘이 있기까지의 과정이 놀라웠다. 짧은 글들이지만 나의 생각과 감정이 그대로 드러나 있다.

이제 나이가 들어갈수록 많은 추억을 먹고 살 것이라 생각된다. 나는 더 늙더라도 혼자 미소를 머금으며 그 옛날 주셨던 은혜를 기억하리라고 확신한다. 대학 때 복음에 붙잡혀 신앙생활 한 나를 이렇게 인도하신 하나님의 섭리가 놀라울 따름이다. 심령이 가난하고 연약한 자를 들어 쓰신 것들은 순전한 '은혜'라고 표현할 수 있다.

이 책이 지금도 이름 모를 은밀한 곳에서 가슴 아파하며 헌신하는 분들에게 위로가 되길 소망한다. 또한 가난하지만 사명으로 살아가는 캠퍼스 간사들에게 큰 힘과 격려가 되길 바란다.

마지막으로 지면을 통하여 그동안 사랑을 베풀어 주신 모든 분들과 인생의 멘토가 되어 주셔서 지도해주신 분들께 감사를 전한다. 나를 캠퍼스 간사로 권면하여 세워주신 안병호 목사님, 중국선교의 길로 초청해 주신 손석태 총장님, 모든 부와 권세를 가지셨지만 겸손의 본을 보여주신 김의원 총장님은 잊지 못할 은인들이시다. 또한 사랑하는 ESF 믿음의 식구들과 기도해 주신 모든 분들에게 사랑의 빚을 많이 졌다. 한없는 고마움을 전한다.

사무엘이 돌을 가져와서 미스바와 센 사이에 세우고 그 이름을 에벤에셀이라고 불렀던(삼상 7:12) 말씀을 생각해 본다. 그 의미는 여호와께서 여기까지 우리를 도우셨다는 의미이다. 여기까지 도우신 에벤에셀의 하나님께 영광을 돌린다. 양지 바른 책상에서 베푸신 은혜를 기록한 것이 헛되지 않길 기도한다.

2019년 봄, 응봉동에서

채 미 자

차 례 ─────────

1

목자로
산다는 것의
의미

우리 ESF_{Evangelical Student Fellowship} 단체는 캠퍼스 간사를 '목자'라 부른다. 요사이는 '간사'라고 부르지만, 그래도 '목자'란 호칭은 좀 연륜 있는 간사들에게 계속 사용되어 진다. 처음에는 성경에 나온 선한 목자 되신 예수님을 닮아 보고자 하는 의도에서 사용되었지만, 이 단어는 조롱 섞인 말처럼 빈정대는 호칭으로 불려지기도 했다.

"목사도 아닌데 목자?"
"목사보다 한 획이 더 많기에 더 높은 거 아냐?"
"이단 아니야? 목자가 뭐야? 전도사도 아니잖아"

이처럼 '목자'란 호칭은 오해의 소지를 안고 생소하게 불려졌다. 그래서 우리는 보편화시켜 다른 선교단체들도 사용하는 호칭으로 '간사'라 차츰 부르게 되었다. 조금은 사무적이고 영적인 의미를 담는데 아쉬움이 있지만, 많은 사람들이 쉽게 부를 수 있고 오해의 소지도 벗어나고자 사용했다. 오히려 요즈음 교회에서 우리가 사용하는 '목자'란 용어를 청년부 소그룹 리더들에게 사용하는 모습을 보면서 아이러니하다는 생각도 든다.

　나는 이처럼 호칭만큼이나 복잡한 간사 생활을 대학을 졸업하면서 시작하게 되었다. 시작할 때는 3년 정도로 생각했었는데, 어느 사이 40년을 넘기도록 긴 세월을 '목자'로, 때로는 '목사'와 '간사'란 호칭으로 캠퍼스의 영혼들을 섬겨 왔다. 학생도 아니면서 거의 날마다 학교를 다녔고, 교수도 아니면서 학생들을 가르치는 일을 하나님의 은혜로 용납 받으면서 행한 것이다.

　간사는 한마디로 표현하면 전도자이다. 캠퍼스 당국으로부터 정식으로 임명받지는 않았지만 은혜가운데 사명감을 가진 선교단체들로부터 파송을 받고 대학생들에게 예수님을 증거 하여 생명을 얻도록 하는 일에 힘쓰는 자들이다. 물론 위험성도 있고 신뢰성에도 문제의 소지가 있을 수 있기 때문에 검증 기관처럼 '학원복음화협의회'가 만들어져 건전한 단체를 평가하기도 한다. 요사이는 한 지역을 담당하는 책임간사들은 거의 최고의 신학교를 졸업한 목사들이다. 간사들이 주력하는 활동은 캠퍼스 복음운동이며, 그들은 그 열매들을 통해 가치를 인정받고 있다.

일대일

:

   나의 간사 생활에서 가장 많은 시간을 투자한 것이 무엇일까? 생각해보니 물론 말씀 연구하는 생활을 말할 수 있지만, 그래도 첫째는 일대일로 영혼들에게 말씀을 가르치고, 그들의 고민을 들으면서 때로는 권면하고, 때로는 책망도 하며, 같이 가슴아파하고 안타까워했던 일대일 시간들이다. 학생복음운동에서 영혼들을 돕는 방법 중, 가장 중요하게 여기는 부분이기도 하다. 한 사람 한 사람을 만나서 돕는 시간은 지루하고 많은 영적싸움을 해야 한다. 일대일 시간약속을 안 지키고 안 나타나기도 한다. 뿐만 아니라 만나서도 많은 시간과 집중이 요구되기에 피곤하기 쉽다. 그렇지만 마음을 다하여 기도했던 한 영혼의 변화는 '임신한 엄마가 자녀의 출산으로 인하여 기뻐하는 것'처럼 기쁘고 기쁘며 모든 고통의 시간을 잊게 해준다.

   나의 집에는 수많은 편지들이 묶음으로 있다. 그 편지들은 대부분은 일대일을 통하여 나누고 상담해 준 것들에 대해 감사하는 것들이다. 그 중에 하나를 소개하는 것이 나의 간사생활의 일대일이 무엇을 의미하는지 말해줄 것 같다. 성경 한 과목을 긴 시간 동안 일대일하고 난 후, 어느 날 한 형제가 보낸 편지일 것이다.

"그 동안 못난 저에게 한없는 사랑으로 날마다 사랑해 주셔서 감사드립니다. 날마다 베푸시는 사랑을 잊어버리고 목자님의 원하는 대로 주님을 잘 믿고 많은 사람들의 본이 되는 생활을 제대로 하지 못한 것을 용서하여주셔요.

날마다 원망과 불평, 불만족과 운명에 찌들려 웃음을 잃어버린 저를 항상 사랑스런 대화로 주님께 이끄신 은혜에 감사드립니다. 항상 예정설을 듣고 나와 목자님의 마음을 괴롭게 해드린 것도 용서해주셔요. 중략…

저는 제가 두 살 때 아버지를 폐결핵과 복막염으로 여의었습니다. 거의 유복자나 다름없는 저를 어머니께서는 수없는 고생가운데 하나님의 은혜로 이만큼 아주 훌륭하게 키워주셨습니다. 그 동안의 어려움은 이루 말할 수가 없습니다. 한 분의 큰 아버님과 네 분의 작은 아버님은 저의 가정을 거들떠보지도 않으셨습니다. 그래서 저는 초등학교 5학년 때부터 중학교 2학년 때까지 아버지 아닌 다른 아버지의 신세를 지고 살았습니다. 부여에서 4년을 산 뒤 저는 진정한 마음의 고향도 마음속에 그릴 수 없는 상태로 서울로 전학을 왔습니다.

그 후 중학교를 마친 큰누나의 직장생활로 저희는 정말 어렵게 생활했습니다. 그 가운데에서도 하나님의 도우심이 없었던들 저희 가정은 존재조차 없었을지도 모르지요. 저는 어머니의 편애와 누나들 사이에서 자라 성격이 과감하지 못하고 용기가 없습니다. 또한 몸까지 약해서 심한 열등감으로 살아온 존재입니다. 지나친 사랑만 받고 엄한 교훈과 채찍 없이 자랐습니다. 그래서 지금도 사랑을 줄줄 모르고 남을 이해하지 못할 뿐만 아니라 주님께 자신을 과감하게 맡기지 못합니다. 중략…

그런데 이만큼이라도 주님을 알게 하시고 사랑이 무엇인지 조금이라도 깨닫게 해주신 주님과 미자 목자님께 감사를 드립니다."

이러한 진심어린 아픔을 고백하기까지에는 얼마나 많은 고민을 했을까 마음이 아려왔다. 그의 편지는 연필로 쓰여 있었다. 지우고 쓰길 반복했다는 것을 알 수 있었다. 정성스런 편지를 읽고 나는 눈물이 흘렀다. 아무한테도 고백한 적이 없는 아픔을 나눈 그 형제에게는 분명 치유가 일어났을 것이다. 그는 지금은 어엿한 두 자녀의 아버지요, 멋진 가정을 이루고 훌륭한 사회 구성원으로 살아가고 있다.

나는 주 안에서 새롭게 변화되어 멋진 삶을 살아가는 형제들을 바라보고 생각만 해도 가슴이 벅차오르고 기쁘다. 이것이 부모의 심정과 누나, 언니의 마음일 것이다. 이것이 곧 예수님의 마음일 것이다. 바로 이것이 일대일의 묘미이다. 나는 이렇게 행복한 목자생활을 했다. 세상적으로는 가난하고 무명한 존재이지만 정신적으로는 한없이 부요한 삶을 살아온 것이다. 어디 그 뿐이랴! 어떤 형제는 수양회에서 은혜를 깨닫고 '헌정 시'를 그림에 담아 나에게 선물로 주었다. 우리 집에는 그 옛날 파도리 해변의 아름다운 석양을 담아 정성스레 마음으로 써준 '시' 한 편이 걸려있다. 그 시의 내용은 다음과 같다.

거룩한 나그네

거추장스러이
부질없다는 듯이
신을 조롱하며 명목에 치우쳤던 부끄러움
홀로 지는 멍에가 서러워
객지에서 남몰래 운다.

LOOK!
휘청거리는 세상의
환난 중에 헤매는 자를 위하여
고통과 시련 속에 있는 자를 위하여
삶의 일회성에 흐늘거리는 자를 위하여
깨어나지 못하는 자를 위하여
교만하여 자기주장을 하는 자를 위하여

미움 받고 핍박받는 자를 위하여.
한없이 타락하는
이 땅을 구원하기 위하여
홀연히 찾아온 예수와도 같이
고난을 마다하지 않고
때에 따라 변하기보다는
영원히 살아있는 진리의 말씀을
전하는 목자가 있었나니.

나약한 육신이 껍데기를 벗고
거짓된 인내와 부패된 진실에
자유의 길과 구원의 길을
알려주기 위하여
늘 깨어있기를 기도하는

그 님의
숭고하고 헌신적인 모습에서 드디어는
두고 온 본향의 신망이
파도리의 해돋이 마냥
밀려서 오고
네가 내 안에

안식하라던 음성을 쫓아

단절된 하늘을 잇는 십자가로

죄악이 널려진 세상을 가로질러

이제는 평안을 찾아

마음에 그리는 본향으로 돌아가려네.

너무나 과분한 찬사의 시를 받았다. 이 시는 가끔씩 나의 간사생
활을 돌아보는 시금석이 되곤 한다. 나는 지금도 변질되지 않고 예
수님의 발자취를 따라가고 있는가? 아니면 타락의 길로 가고 있는
가? 나는 가끔씩 간사들과 이야기한다.

"영혼을 돕는 목자는 타락할 수가 없어"

목자의 삶은 때로 피곤할 때가 있지만 양들을 통하여 받는 격려
와 성령님의 위로함이 능히 이기도록 한다.

물론 위험성도 있다. 목자는 영혼을 돕는 것이 지나쳐서 생활의
간섭까지 할 수 있고, 도움을 받는 사람은 목자를 실망시키지 않기
위하여 눈치를 보며 목자가 좋아할 수 있는 행동을 억지로 하기도
한다. 주님의 주권에 의지하여 홀로서기를 하며 성숙되어야 하는데
사람에게 얽매일 수 있다.

죄성을 가진 아담의 후예로서 사람을 양육하고, 예수님의 말씀을

따른다는 것은 버겁고 고통스러운 것이 사실이다. '개구리가 올챙이'적 생각을 하지 않고 스스로 성장한 것처럼 교만한 생각을 가지고는 영혼을 섬길 수 없다. 주께서 주신 은혜를 기억하지 않는다면, 주의 도우심 없이는, 갖가지 질곡 속에 고통하는 영혼들을 돕는 목자의 삶은 위선에 불과할 것이다. 내가 이러한 목자생활을 긴 시간 동안 버티어 올 수 있었던 것은 오직 주의 은혜가 함께 하셨기 때문임을 고백하게 된다.

빡빡한 스케줄

:

　간사의 생활은 '바쁨'이 표지이다. 우리 부모님은 딸을 보고 싶어서 자주 말씀 하셨다.

　"공휴일이면 내려 오거라"

　그러나 스케줄이 꽉 들어차있어 고향에 갈 수가 없었다. 한 번은 어머니가 아프다는 전보가 와서 곧바로 내려갔었다. 그런데 웬 걸… 거짓이었다. 나는 화를 내고 바로 올라왔던 기억이 난다.

　젊었을 때 나의 사는 목적은 '사명을 위해 살고 사명에 죽는 것'이었다. 그 사명은 예수 그리스도의 복음운동에 헌신하는 것이었다. 그 외에는 다른 생각을 하지 못했다. 그래서 대학에 들어와서 열심히 배우던 서예 동아리 모임도 시간을 빼앗기는 것이 아까워 그만두게 되었다. 늦게 예수님을 알게 되었으니 이 최고의 가치 외에는 다른 데 눈을 팔지 않고자 했다. 물론 친한 친구 관계도 뒤로 한 채 오로지 복음에 관련된 사람들과 이들과 관련된 모임 외에는 가차 없이 관계를 갖지 않았다. 친구의 결혼식도 참석치 않았고, 조카들의 결혼식도 주일이면 죄책감을 가질 필요도 없이 가지 않았다.

　지금 생각하면 너무 치우친 신앙생활을 한 것 같지만, 그때는 그

것이 너무나 당연한 것이었다. 언제나 쫓기는 듯 빡빡한 스케줄 안에서 나는 다람쥐 쳇바퀴 돌듯이 살았다. 속박된 삶이랄까? 그래도 행복해 했다. 행복이란 주관적인 생각에서 비롯되기 때문이다.

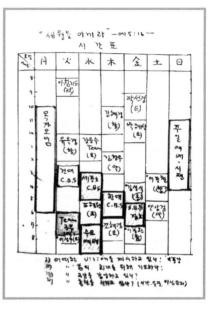

시간표 (1980년)

이번에 회고록을 쓸까 하고 수첩을 정리하다 간사생활 4년차(1980년) 당시의 수첩을 발견하였다. 예쁘고 정갈하게 정리된 수첩을 보면서 '아! 내가 이렇게 목자생활을 했었구나'하고 진한 감동을 받았다. 거기엔 나의 간사생활 시간표가 그려져 있었다. 공식적인 기본모임들을 빼고도 일주일에 일대일로 학생들을 13명을 돕고 있음을 볼 수 있었다. 1980년에 일대일로 도왔던 학생 중에 현재 목사 사모가 2명이나 되었고, 대학교수가 된 사람이 3명이었다. 물론 이름을 봐도 기억이 나지 않고 가물거리는 학생도 있다. 참으로 놀랍다. 그 당시 도왔던 형제자매들이 지금은 거목이 되어 사회를 밝히고 있다니… 이것이 성서한국의 실현이 아닐까 한다.

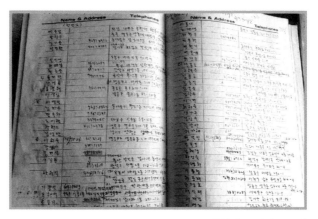

한양대 주소록(1980년)

또한 뒷면에는 학생들의 연락처가 빼곡히 적혀 있었다. 무려 한
양대 학생들의 주소가 90명이 넘었다. 또한 담당 캠퍼스였던 세종대
와 건대 캠퍼스 학생들도 있었다.

이 많은 양들을 위해 무엇을 어떻게 감당했을까? 분명 학생들을
쫓아다니면서 일만 했을 것이다. 신앙도 어린 내가 얼마나 학생들을
잘 도우면서 감당할 수 있었을까? 때로는 시험에 걸려 넘어져 많은
고민도 했을 것이라 생각하니 나의 어린 시절 간사생활이 측은하다
는 생각까지 들었다. 하여튼 이러한 과정을 거쳐 오늘의 '나'가 되었
음이 확실하다. 바쁜 만큼 '죄지을 시간은 없었겠구나.'라는 위안을
삼으며 입가에 미소가 절로 지어진다.

목자생활을 하며 나에겐 습관적인 언어가 있었다. "바빠서 안 돼"

이다. 물론 바쁘기도 한 것이 사실이다. 건강을 돌볼 여유도 없이 바빴다. 좀 괜찮은 식사도 할 여유가 없었다. 가난한 간사 월급으로는 모임을 마친 후 많은 형제들과 식사하는 것은 부담이 된다. 오늘날처럼 '더치페이'가 일상화된 것이 아니라 선배들이 '물주'가 되던 시절이라, 쉽게 라면과 떡볶이로 끼니를 수없이 많이 때우면서 똑같은 생활을 반복했다. 그 대가로 위장장애를 앓게 되어 지금도 고생하고 있다.

책임간사를 맡은 후, 나의 가난했던 간사생활을 기억하며 간사들의 복지에 신경을 쓰고자 했다. 지나놓고 보니 이 또한 여유가 없어 제대로 할 수 없었음이 아쉬울 뿐이다. 왜 그리도 그 당시엔 가난한 학생들이 많았던지… 라면으로 한 끼를 때우는 것이 행복했던 시절이었다. 어떤 운 좋은 날에는 군대 다녀온 학생이 제안해서 라면에 쌀을 넣어 난로에 끓인 '라면밥'을 먹으면, 그 날은 더없이 기분 좋은 날이었다.

지금 같으면 학생들의 부모님이 쌀이나 김치라도 보냈건만 당시에는 핍박받지 않는 사람이 행운아였던 시대였다. 지나놓고 보니 이 기간은 나의 이기심과 자기중심성을 송두리째 그리스도 중심으로 바꾸어 놓는 시간들이었다.

개척의 보람

:

캠퍼스 복음운동이 어려운 것은 해마다 개척을 해야 하기 때문이다. 후배를 양성하지 못하면 역사는 단절된다. 학생들은 4년이 지나면 어김없이 졸업을 한다. 대학에 들어와 예수님을 영접하고, 조금 훈련받고 동역도 하면서 간사들과 친해질 만하면 사회로 나가게 되어, 일꾼이 필요한 간사들에게는 진한 아쉬움이 남는다. 요사이는 1년 정도 휴학하는 학생도 많지만 당시에는 취직도 잘 되고, 공대를 다니는 학생들의 경우에는 대학 3학년 때부터 대기업에서 스카우트를 해가는 상황이므로, 특별한 경우가 아니면 휴학하는 학생들이 거의 없었다. 간사들에게는 졸업하는 성숙한 리더가 못내 아쉽기만 했었다. 그래도 때론 뜻밖에 횡재를 하기도 했다.

내가 대학 4학년 때 일이다. 한양대 공대를 다니는 남학생이 수도여자사범대를 다니는 여학생과 미팅을 했다. 그런데 그 남학생이 미팅한 여학생을 모임에 데려온 것이다. 나는 그 여학생에게 성경을 가르쳤다. 이것이 불씨가 되어 오늘날 세종대학에 복음의 뿌리를 내리게 되었다. 그 여학생은 모임에 잘 적응하고 성장해 나갔다. 그리고 캠퍼스의 리더로 세움 받고 동일하게 후배들을 전도하는 전도자가 되었다. 전도한 자매 중에는 학보사에서 편집 일을 하면서 성실하게 말씀을 배운 학생이 있었는데, 이 학생의 변화로 모임은 더욱 굳게 세워지고 확장하게 되었다. 훗날 이 캠퍼스는 남녀공학으로 바뀌고 세종대학으로 명명하게 되었다. 시간이 지날수록 그 모임은 확장되어 학교 교회를 빌려 성경학교를 3일씩 진행하곤 했다. 많이 모일 때는 60~70명이 모여 말씀을 경청하기도 했다. 그때 일들을 상기할 때면 '정말 은혜로구나' 하며 하나님께 영광과 감사를 드리게 된다.

나는 이 대학을 개척하여 세워가면서 기도하는 사람이 필요함을 느꼈다. 그래서 평생 이 캠퍼스를 위해 기도할 동역자를 세우고자 했다. '누가 평생 자기 캠퍼스를 사랑하며 상한 마음으로 젊은 영혼의 구원을 위해 기도할 수 있을까?' 생각하면서 같은 대학을 나온 사람들이 결혼한다면 가능하리란 결론을 내렸다. 자기 대학의 문제를 안고 울며 기도하는 헌신자들이 있는 한 캠퍼스 복음역사는 대를 이어 세워질 수 있고, 방황하는 영혼들의 변화로 시대적 사명을 감당할 수 있다고 확신했다. 그래서 기도하기 시작했다.

어느 날 외모도 멋지게 생겼고 신앙도 좋은 한 형제가 같은 과 여학생의 초청으로 모임에 참석했다. 캠퍼스에 한 가정을 세우기 위해 기도하던 나의 눈은 그 형제의 모습을 자세히 살피게 되었고, 모임을 마친 후 대화를 시도하게 되었다. 바로 이 형제가 내가 기도한

대로 세종대학의 개척자 한 가정으로 세움을 받게 될 것 같아, 그 자리에서 한 자매와 사귈 것을 제안했다. 기적과 같이 두 사람은 결혼했다. 사람들은 여러 이야기를 했지만 나의 목적은 캠퍼스를 세우기 위한 것이었다. 지금 생각해도 꿈같은 일이다.

현재 이 가정은 미전도 족속에게 성경번역을 해서 헌납하고 세계를 무대로 선교활동을 하고 있다. 지금도 세종대를 위해 기도하는지는 모르겠지만, 순수한 마음으로 캠퍼스를 위해 은밀하게 기도한 첫 기도의 열매였다. 하나님은 나의 순수한 열정을 받으시고 축복하신 것 같다.

선교 지원

:

나는 전임선교사가 되어 해외에 거주하지 않았지만 매년마다 주기적으로 중국 선교지를 방문하여 성경을 가르쳤다. 특히 중국 선교지를 열여덟 번을 다니면서 조선족 목회자들과 리더들을 집중 교육하였다. 중국은 아주 가깝지만 먼 나라로 생각한 곳이다. 일단 어린 시절부터 반공교육을 받은 자로서 공산주의 국가이기에 무서운 곳이라 생각하는 것은 어쩔 수가 없었다. 그런데 이번 글을 쓰면서 중국을 다녀 온 횟수를 세어보니 참으로 많이 다녀왔음을 깨닫게 된다. 나의 두려움을 뛰어넘어 선교역사에 순종한 것은 온전히 하나님의 은혜였다.

중국선교의 첫 시작은 이렇다. 어느 날 학교 동아리 방에 앉아 있는데 선배 목사님으로부터 전화 한통이 걸려 왔다.

"중국 한 번 다녀올래요?"

"왜요?"

"그냥 구경하고… 성경 한 번 가르치면 되거든요"

이것이 시발점이었다. 이 전화를 받기 전 나는 꿈에서 시베리아 벌판을 기차를 타고 달리는 꿈을 꿨었다. 생각해보면 이 꿈은 하나님께서 먼저 계획하였음을 보여주는 '알림'이었다. 나는 이렇게 중국과 수교를 맺은 다음 해, 1993년부터 해마다 '동북아신학교'라 불리는 곳에서 성경을 가르쳤다. 이 학교를 방문할 때는 언제나 거의 한국의 학생들을 동반하고 다녔다.

동북아신학교는 총신대 총장님이셨던 김 교수님의 제안으로 몇 분들이 의기투합하여 중국선교를 위해 세워진 학교이다. 선교를 외부로 나타나는 교회 건물에 투자하는 것이 아니라, 사람들을 키우고 교육하는 일에 집중하고자 계획하였다. 그러나 중국은 공산주의국가로서 겉으로는 종교의 자유가 있다 하지만 기독교를 핍박하고 있는 상황이기에, 기독교 학교가 승인을 받는다는 것은 어려운 것이 현실이었다. 여러 지혜가 모아져 조선족 자치구인 연변에 1년제 신학교를 허가받을 수 있었다. 이로 인해 낙후한 중국 동북쪽에 있는 길림과 요녕, 흑룡강, 3성을 중심으로 조선족 교포들을 도울 수 있었다. 중국은 한족이 90% 넘고, 나머지 10% 정도가 55개 소수 민족이다. 조선족은 그 소수민족에 포함된 조선인들이다.

나는 이 일에 부름을 받고 첫 스타트로 '마가복음'을 가르쳤다. 학생들의 수는 40명이 넘었던 것 같다. 말은 한국말인데 억양도 다르고 의미도 다른 것이 너무 많아서 듣다가 웃은 적이 한두 번이 아니었다. 일례로 가장 많이 쓰는 말이 "일 없습니다."였다. 처음 그 말을 들었을 때 학생들이 퉁명스럽게 답한다고 생각하여 당황했다. 알고 보았더니 그 의미는 "괜찮다"는 뜻이었다. 우리나라가 훗날 통일된다면 분명 조선족들이 쓰는 언어와 문화가 한국인들에게 많은 도움을 줄 것이라고 확신한다.

내가 연변까지 가는 과정은 언어가 통하지 않기 때문에 몹시 힘들었다. 비행기로 가서 천진에 내려 기차를 28시간 이상 타고 가야 했다. 물론 침대칸 '르안워'를 타고 간다. 상하 2단 침대가 마주보고 4인 1실의 시설로 누워서 지내기는 쾌적한 편이다. 하지만 한 공간에서 문화가 전혀 다른 사람들과 30시간 가까이 지낸다는 것은 고역이다. 또한 한중수교를 맺은 초창기에는 돈도 이중으로 사용하였다. 외국인들에게는 더 비싼 돈을 사용하게 했다. 참으로 불공평한 처사가 아닐 수 없었다. 그러나 우리는 중국 선교를 위한 길이 열렸다는 상황에 감사하며 다녔다.

나는 매년마다 동북삼성을 다니면서 '마가복음' '창세기' '마태복음' '사도행전' '로마서' 등 많이 가르쳤다. 내가 한 해에 가서 마가복음을 가르치면, 그 해엔 배운 분들이 모두 자기가 속한 지역에서 마가복음을 가르치는 진풍경이 벌어졌다. 정말 가치 있는 일이었다.

내가 만들어준 문제집을 사용하기가 용이했던 것 같다.

나는 이 일을 해마다 비밀리에 2002년까지 10년을 가르쳤다. 후에는 아파트를 세 내어 학생들과 교수 숙소를 만들고 숙식을 같이 하면서 하루 종일 공부했다. 오전 9시부터 공부가 시작되면 점심시간의 쉼 외에는 밤 9시까지 진행하는데, 이렇게 일주일을 진행하면 목이 아플 때가 많았다. 육체적으로는 힘들지만 학생들의 학구열은 대단했다. 때로는 공부하러 온 학생 중 중국인 학교를 다녀서 한국말은 알아듣지만 한글은 쓸 수 없는 조선족들도 참여하였다.

처음 갔던 해에는 10월 중순을 갓 넘겼는데도 연변지역에는 눈이 내렸다. 난방이 석탄이기 때문에 오후 5시만 되어도 온 도시가 매캐하고 하늘이 뿌옇게 되었다. 이러한 날에도 나는 중국인 형제의 자전거 뒤에 타고 학교에서 집으로 오곤 했다. 자전거 뒤에 타면 엉덩이가 얼마나 아픈지… 참으로 많은 일들이 주마등처럼 스쳐 지나간다. 난방도 중앙난방식이어서 아침과 저녁에 틀어주는 시간이 정해져있었다. 너무 추워서 참지 못하고 라디에이터를 켜면 스파크가 일어나면서 전기가 나가버렸다. 웃지 못 할 스토리들이 너무 많다. 그래도 주 안에서 감사하기만 했었다.

한 과목의 수업을 마치고 한국을 돌아올 때쯤에는 꼭 나의 뒤를 그림자처럼 따라 다니며 학생들이 묻는 말이 있었다.

"교수님! 언제 다시 올 것입니까?"

수업을 배운 어떤 학생은 나에게 감사편지를 주었다. 그가 쓴 대로 실으면 다음과 같다.

> "… 중략
>
> 강사님의 가르침과 수고에 참말로 감사합니다.
>
> 아사로 내 평생에 기억에 남을 것입니다.
>
> 기념품도 드리지 못하는 이 학생을 용서하십시오."
>
> 학생 ○○ 24호

중국 선교의 열매는 나에게 그 의미가 참으로 크다. 그곳에서 배운 중국 학생들의 입장에서도 그러할 것이다. 가끔씩 큰 집회에 가면 "중국에서 배운 학생이라"고 찾아와 인사하는 분들을 종종 만난다. 목자로서 그것이 얼마나 큰 기쁨인지 모른다. 은혜를 주신 하나님께 감사할 따름이다.

또한 한국에서 학생들을 데리고 간 중국 "Mission Trip"의 열매 또한 큰 기쁨이요 은혜였다.

처음 중국을 갈 때는 학생들을 데리고 가지는 않았다. 중국을 다닌 그 다음 해의 일이었던 것 같다. 비행기가 연기되어 중국에서 하루 밤을 지내야했다. 공항에서 마중 나올 사람을 기다리는데 한참이 지나도 나타나지 않아 당황스런 상황이었다. 공항직원에게 상황을 설명하며 영어로 물어봐도 '갸우뚱'할 뿐 한마디도 통하지 않았다. 겨우 바디랭귀지로 표현하여 어렵게 주변의 호텔을 찾아 잠을 잔 적이 있었다. 그 후로는 혼자 중국을 방문하는 것이 무서워서 언제나 졸업을 앞둔 한 학생과 동행했다. 열악한 중국 상황에서 혼자서는 난감할 때가 많았기 때문이다. 이러한 것이 합력하여 선을 이루게 되고, 훗날에는 많은 학생들을 동반하여 훈련도 하며 그들의 수준에 맞게 동북 삼성에서 가르치는 사역도 하게 되었다. 지금까지 중국 "Mission Trip"에 참가한 학생 수가 60명이 넘는다.

맨 처음 중국에 데리고 간 학생은 한국에서 리더 역할을 하지만 '길' 공부를 끝까지 가르쳐 본 적이 없던 학생이었다. 그렇지만 중국에서는 자기와 비슷한 중국 조선족 청년에게 길 공부를 모두 가르쳤다. 감회가 컸던지 돌아오면서 "주의 일을 하겠다."는 서원을 했다. 그는 졸업 후 직장을 다니다가 그만두고 신학을 하고, 현재는 목회에 헌신하고 있다.

두 번째로 함께 한 학생은 경제학과에 다녔는데 중국에서 북한에 대한 여러 이야기를 듣고 자기의 삶의 진로를 북한과 관련하여 일하겠다고 방향을 정했다. 그 후 결심한대로 진로를 선택하여 지금은 북한과 관련한 직장에서 중대한 일들을 하고 있다.

한 졸업생은 선교에 헌신한 상태지만 목회 일로 차일피일 미루고 있었는데, 중국을 방문하여 길림의 한 교회에서 청년들에게 성경을 가르친 후 마음을 정하고 남편을 설득하여 일본선교에서 중국선교로 방향을 바꾸어 헌신하였다. 이 가정이 아니었다면 '화중지방'의 수많은 젊은 영혼들이 어떻게 구원을 받을 수 있었을까?

더 재미있는 사건도 있었다. 한국에서 중국선교를 물질적으로 후원하는 그룹이 있었다. 나는 그들에게 성경을 가르쳤다. 대부분 장로들과 안수 집사들이었다. 처음은 물질로만 후원을 하다가 말씀을 배운 후, 그들은 배운 바대로 중국에 가서 직접 가르치는 사역을 하였다. 더 나아가 재력이 있었기 때문에 문제지를 중국어로 번역까지 하여 사용하면서 말이다.

이러한 이야기를 하자면 끝이 없다. 하나님은 짧은 "Mission Trip"을 통하여서도 한 사람의 인생을 바꾸어 위대한 하나님의 사람으로 쓰신다는 사실을 깨닫게 하셨다. 이 글을 읽는 사람들에게 권고하건데 주위에 선교여행을 두고 고민하는 분들이 계신다면 적극 추천해 주길 바라는 마음이 간절하다. 비전을 새롭게 발견할 수 있는 기회가 될 수 있기 때문이다.

2000년대부터 나는 동북아 지역의 목회자들 양성보다 점차 대학생들을 지원하는 방향으로 중국 선교사역 방향을 바꾸었다. 중국에 ESF운동이 활성화되어 갔기 때문이다. 은밀한 가운데 캠퍼스 복음운동에 헌신하는 주의 종들에 힘입어 북경에서 시작된 복음역사는 상해, 남경, 항주, 소주, 곤명, 서안, 중경, 무한, 광주 등 확장되고 발전되어 갔다. 나는 '화중지방'을 중심으로 지원하였다.

'화중지방'은 리더들의 집중교육으로 성경 한 과목을 공동생활하면서 공부하였다. 그렇게 배운 리더들은 흩어져 각 지역에서 매주 한 과를 한 학기 동안 가르치는 방법으로 진행하였다.

첫 번째 마가복음을 가르쳤을 때, 특이한 경험을 한 것이 기억난다. 말씀공부를 다 마치고 기도시간을 가졌는데 울면서 기도하던 자들이 방언이 터지는 것이었다. 나는 이러한 일은 처음 겪는 일이라 놀라고 있었는데, 은사의 경험이 많은 한 분이 여러모로 도와주셨다. 한 리더는 밤새워 계속하여 울며 기도했다. 성경공부의 열기는 뜨거웠다. 그분은 지금도 충성스런 일꾼으로 봉사하고 있다.

후에는 현지 간사들도 세워지고, 더욱 활발해져서 한국에 있는 간사들이 중국 간사 지원자들을 교육시키러 갔다. 나도 간사훈련을 시키러 갔는데 소수지만 열심히 배워 가르치고자 하는 모습에 감동이 되었다.

뿐만 아니라 중국의 위험한 상황에서도 비밀리에 장소를 구해 수양회도 진행하였다. 수양회는 각 지역에서 이루어지는 모임들의 연합이기에 규모도 꽤 크다. 위험하여 발각되면 즉시 추방당하는 상황이지만 수양회를 추진하는 한국선교사도 대단하고, 그를 따라오는 중국인들도 대단하였다. 이러한 일사각오의 정신으로 이루어지는 수양회는 큰 은혜로 이어지기 마련이다.

나는 일련의 사건 이후 언제나 중국을 다닐 때면 대학생들을 대동하고 다녔다. 물론 학생들은 돈도 부족하여 여비를 겨우 마련하거나 후원받으며 떠나기도 했다. 초창기에는 시간은 있지만 돈이 없기에 비행기를 이용하지 못하고, 15시간 이상 배를 타고 천진으로, 대련으로 갔다. 가면서 중국 조선족에게 가르칠 '길' 노트도 준비하고 나름 의미 있는 시간을 보냈다.

같이 간 학생들이 한 번은 위험한 상황에 처하기도 했다. 중국에서 외국인은 거주지를 신고해야 하고, 신분증을 지니고 다녀야한다. 우리가 길림의 한 교회를 중심으로 활동을 했을 때였다. 외국인이 성경을 가르치는 것이 불법이기에 당국에 신고하지 않고 몰래 교회 숙소에 머물렀다. 마침 한국에서 데리고 간 학생들이 시내 구경을 하겠다고 하여 여권은 내가 소지한 채 먼저 들어오고, 학생들은 뒤늦게 오게 되었다. 그런데 오는 길에 공안에게 붙잡혀 신분증 확인을 요청받았다. 그로 인해 다음날 공안실로 가서 심문을 받고, 거주지 신고를 하지 않은 불법으로 한화 50만원 넘게 벌금으로 낸 적도 있었다.

그럼에도 불구하고 중국 선교여행은 유익이 훨씬 많았다. 그곳에서 인생의 배우자를 발견하여 결혼을 하기도 하고, 진로의 방향을 정하기도 했다. 중국 학생들을 전도하고 다른 문화권을 접하면서 우물 안의 개구리 같은 사고에 도전을 받고 생각이 넓어지기도 했다. 우리의 주요 프로그램은 그 지역을 여행하고 중국 대학생들을 전도하는 것이었다. 물론 중국인에게 외국인이 전도하는 것은 불법이다. 그러나 그들의 구원을 위해 우리는 위험을 무릅썼다.

"혹시 학교를 구경 좀 시켜주시겠어요?"

하고 다가서면 그들은 예외 없이 긍정적으로 반응한다. 한국학생들보다 훨씬 착하다.

먼저 영어로 접근하고, 그들을 저녁 식사에 초대하거나, 그들의 연락처를 받아서 간사들에게 넘겨주는 역할을 한다. 놀랍게도 저녁 식사 자리에 중국 학생들을 데리고 한국 학생들이 온다. 전도한 자나 전도 받은 학생들 모두 기쁨으로 삶을 나누고 복음을 소개한다. 얼굴은 비슷하게 생겼어도 전혀 다른 문화권에 속하는 외국인이지만 그리스도의 사랑은 어디에서나 통한다. 이렇게 우리는 동역하며 중국 대학생 선교를 지원하였다. 이제 중국 학생들을 통하여 세계선교를 꿈꾼다. 이 일은 이루어질 것이다.

"오직 성령이 너희에게 임하시면 너희가 권능을 받고 예루살렘과 온 유대와 사마리아 땅 끝까지 이르러 내 증인이 되리라"(행 1:8)

윌리엄 퍼킨스 William Perkins

✛　　　　미국 펜실베니아 시골 동네를 오고가다보면 퍼킨스 술집이 있다. 난 그 길을 지날 때마다 17세기 영국 청교도로서 성경적 기독교를 회복하고자 애쓰고 지대한 영향을 미쳤던 '퍼킨스'가 생각이 났다. 분명 동일 인물일거라고 생각하며 혼자 그 옛날 존경받았던 인물의 삶과 술집을 떠올리며 피식 웃기도 하고 또한 많은 생각을 했던 기억이 새롭다.

퍼킨스는(1558-1602) 영국 와위크셔Warwickshire의 마스톤 야벳Marston Jabbet에서 태어났다. 그는 어린 시절 어느 정도 재력이 있고 청교도에 대하여 호의적인 가정에서 자랐다. 그가 19세가 되던 해 케임브리지 대학교의 그리스도 대학에 진학하였다. 대학 진학과 함께 부모로부터 멀리 떠나 있게 되자 그는 마술과 술에 빠지는 등 방탕한 길로 접어든다. 하루는 술에 취해 케임브리지 교외를 거닐다가 한 젊은 여인이 어린 아들을 책망하고 있는 모습을 보게 되었다. 그 여인은 고집을 부리며 막무가내로 떼를 쓰는 아들에게 이렇게 말하였다.

"입 다물어. 그렇지 않으면 저쪽에 있는 술주정뱅이 퍼킨스에게 보낼 거야."

그는 자신이 세상 사람들의 조롱거리가 되고 있는 것을 발견한 뒤에 깊이 반성하고 이 일을 계기로 자신이 어떻게 살아야 할지에 대해 진지하게 고민하며 생각하였다. 그는 교회에 열심히 참석하여 말씀을 들음으로 신앙을 새롭게 하게 되었고, 좋아하던 마술과 술을 과감하게 끊을 수 있었다.

퍼킨스의 생활은 점차 변화되어 세상적인 쾌락을 멀리하는 경건한 하나님의 자녀로 변모했고, 생활의 변화와 함께 학업에도 열심을 내어 우수한 성적으로 졸업하였다. 그 후 예전의 자신처럼 방탕한 생활을 하며 살아가는 사람들을 찾아가서 복음을 전하였다.

매주 토요일에는 케임브리지에 있는 감옥을 방문하여 죄수들에게 열정적으로 복음을 전하였다. 이때부터 퍼킨스는 설교자로서 명성을 얻었고, 그의 설교를 듣기위해 많은 사람들이 몰려들었고, 수많은 학생들을 영적으로 각성시켰다. 점차 그의 명성은 대학뿐만 아니라 영국 전역으로 퍼졌고, 영국을 대표하는 종교 개혁자로 알려지게 되었다. 그는 성경중심적인 가치관을 확립하도록 했고, 실력 있는 학자로 많은 저술활동을 통하여 영향을 미쳤다. 당시 케임브리지 대학은 '청교도 신앙을 양성하는 기관'처럼 되어 국가의 주된 감시의 대상이 되기까지 했는데, 그 배후에는 퍼킨스와 같은 설교자가 있었기 때문에 가능한 일이었다.

뿐만 아니라 비국교도로 활동하여 박해 가운데서도 말씀을 중심한 신앙이 뿌리 내릴 수 있도록 대학에서 생명을 다하여 영적지도자들을 양성하였다. 훗날 그의 사상과 저술은 오늘날 우리 시대의 복음주의의 뿌리가 되고 밑거름이 되었다.

3월은 모든 캠퍼스가 문을 여는 시점이다. 요즈음 한국의 대학생들은 수가 많아져서인지 대학에 다니면서도 자부심이 적다. 더 나아가 서울에 거의 70-80% 이상의 대학이 집중되어 있는데 대부분 지방에서 올라와 유학하는 학생들이 적지 않다. 또한 인기학과를 선호하여 도시에서 지방으로 학교 다니는 이들도 많다. 이들은 불가피하게 사랑하는 부모로부터 멀리 떠나 생활하게 된다. 문제는 각각의 생활에 적응하지 못하고 어두컴컴한 고시원에서 생활하면서 술과 게임 등 방탕 생활에 젖어 들어 폐인이 되기도 한다.

여러 분의 주위를 둘러보길 바란다. 허우적거리는 제2의, 제3의 퍼킨스들이 보이지 않는가?

믿는 그리스도인들의 사명을 '밀러'가 반문하며 말했다.

"당신은 한 사람의 잠재력을 얼마나 믿고 있습니까?"

연약해 보이지만 하나님을 의지하면 한 사람이 위대한 일을 해낼 수 있다고 믿고 그들을 위하여 비전을 품고 한 영혼을 돕는 것이 필요하다.

오늘날 대학은 취업을 위한 학원처럼 교육하고 있는 상황이다.

대학의 시기는 인생의 가치관과 세계관을 정립하는 중요한 시점이지만 참된 진리를 논할 여유가 없다. 난무하는 정보를 배우기에 여념이 없다. 무엇을 위해 살아야 하는지 확실한 지표가 없고 가치도 알지 못한다. 단지 잘 먹고 살기 위해 치열한 경쟁을 하고 있을 뿐이다. 이들이 훗날 사회 각계각층의 지도가 될 텐데 미래에 어떠한 소망을 발견할 수 있겠는가?

우리는 술주정뱅이 퍼킨스 한 사람이 성경 중심한 가치관을 확립하자 케임브리지에, 영국에 사회개혁을 이룬 것을 생각해 보았다. 이처럼 우리도 소망 없어 보이는 한 영혼의 변화가 미래에 나타낼 엄청난 열매를 기대하면서 씨를 뿌려보자. 오랜 시간이 요구될지도 모른다. 그래도 뿌려보자. 내일의 희망을 위하여! 아멘.

종교 다원주의자와 대화

✚　　　　학기 초 한 형제가 인도되어 왔다. 이 학생은 우리의 모든 프로그램에 동참했다. 어떤 때는 아침부터 저녁까지 하루 종일 센터에 있을 뿐만 아니라 우리 간사들이 귀가한 뒤에도 남아 무언가를 열심히 했다. 또한 『주역』에도 관심이 있어 많은 돈을 들여 강의도 들었다. 이런 날이 하루 이틀이 아니라 1년이 되어갔다. 그러면서도 기독교의 진리를 객관적이고 상대적으로 이해할 뿐 받아들이지 않았다. 이제 06학번 후배들이 들어오는 상황에서 어떻게 해야 할지 고민이 되었다.

　이런 문제는 이 형제만이 아니다. 3년 전에 나오고 있는 한 자매의 모습도 이와 비슷했다. 강한 말씀운동을 하는 곳에서조차 나타나는 이러한 현상은 요즈음 대학생들의 사고가 정도의 차이가 있지만 어떠한지를 말해 준다. 기독교 동아리에 들어와서조차 다른 사상에 자유롭고 떳떳한 이들의 근본적인 원인이 어디에 비롯되었는지 생각지 않을 수 없다. 여러 복합적인 원인이 있겠지만 가장 큰 문제는 저변에 깔린 시대의 흐름으로 본다. 너무도 거대하게, 도도히 흐르는 '다원주의적 사고'가 대학생 복음운동을 하는 우리에게 버거운

적으로 대두된 것이다. '어떻게 이러한 점들과 싸워 생명의 복음을
나타내야 하는가'가 우리의 과제다.

레슬리 뉴비긴은 그의 책『다원주의 사회에서의 복음』에서 '종교
다원주의'를 이렇게 정의하고 있다.

"종교적 다원주의는 종교들 간의 차이가 진리와 거짓의 문제가
아니라 진리에 대한 인식의 문제라고 믿는 것이다. 즉 종교적 믿음
에서 어떤 것은 옳고 어떤 것은 그르다고 이야기 하는 것을 인정할
수 없다. 종교적 믿음은 개인적인 문제이고 각 사람은 자신의 믿음
을 가질 권리가 있음"을 말한다.(p 36).

종교적 다원주의 시각에서 보면 앞서 말한 대학생들의 사고를 존
중하고 나아가야 한다. 그러나 기독교의 진리는 "천하에 구원을 얻
을 다른 이름이 없다"고 한다. 전도자들은 이러한 진리를 증거 하여
구원에 이르도록 돕는 자들이다. 기독교의 시각에서 다원주의자가
설 곳이 없다. 아주 교만하게 보일지라도 유일하고 절대적인 진리는
하나뿐임을 고수하는 종교가 기독교의 복음이기 때문이다.

이 문제를 어떻게 해결할 수 있는가? 각자의 주관대로 믿음에 따
라 내버려 두고 서로를 존중하며 자기가 옳다는 것을 따르도록 하
여야 하는가? 아니면 하나님께서 은혜를 주셔야하기 때문에 성령의
역사에만 내어 맡길 것인가? 진리가 하나가 아니라 다양하게 여럿

이라는 의견이 팽배한 시대의 흐름 속에서 복음을 증거 하는 자들은 치열한 싸움을 싸울 수밖에 없다. 또한 다수가 승부를 결정하는 민주주의 사회에서 복음증거자는 외롭고 설 곳이 적은 것이 사실이다. 그러함에도 타협하지 않고 물러설 수가 없음은 복음에는 구원의 능력이 있기 때문이다.

우리 복음 증거자들은 먼저 이러한 다원적Plural 사회를 인정하는 것이 중요하다. 적을 알면 싸울 수가 있기 때문이다. 다양한 흐름 가운데 비판적으로 판단할 자유로운 사회 가운데 살고 있음을 인정해야 한다. 그럴 때 상처받지 않고 자신 있게 증거 할 수 있게 된다. 움츠러들 필요가 없다. 인내하며 확신 있게 증거 해야 한다. 조금은 반응이 더디고, 변화가 더디다 못해 낙심할 지경에 이르러 조바심이 나기도 하지만 포기해서는 안 된다. 은근과 끈기가 많이 요구되는 현실이다.

더 나아가 그리스도인들에게 요구되는 것은 바른 삶이다. 절대 진리를 부인하는 세대에 그리스도인의 탁월한 삶만이 절대 진리를 증거 할 수 있는 용기를 가지게 한다. 상대화된 진리 가운데 진실만큼 웅변적으로 말해주는 진리가 없기 때문이다. 올해에는 다시 한번 삶으로 승부를 걸어보자! 바른 윤리가 있는 곳에 생명의 복음이 꽃피울 것이라 확신하면서.

2

예수를
영접하다

나는 유교와 불교를 거부하지 않고 복을 준다면 받아들이는 가
정 배경에서 자랐다. 어머니는 사월 초파일 같은 절기 때가 되면 절
에 가시곤 해서 어린 시절 가끔씩 따라가서 즐겁게 뛰어 놀던 기억
이 난다. 아버지와 큰 오빠는 한학을 했기에 유교의 방법으로 교육
했다. 우리 집은 유난히 율법적이고 보수적이어서 "하지 말라"는 것
이 너무 많았다. 자유분방한 나는 많은 책망을 받았었다. 초등학교
사진첩을 들추면 가장 긴 치마를 입은 사람이 나였다. 이런 혼합적
인 종교 색채를 가졌지만 유독 기독교인들에 대해선 배타적이셨다.
이러한 상황에서 자란 내가 예수를 영접한 것은 놀라운 은혜이다.

해맑은 어린 시절

:

나의 어린 시절은 행복한 시간들이었다. 위로는 오빠 두 명과 새 언니들 그리고 친 언니도 두 명이나 있어 나를 지원하는 후원 부대가 많았다. 가정도 넉넉한 편이어서 많은 사랑을 받고 자랐다. 우리 부모님은 여느 가정과 달리 화목한 편이어서 부부 싸움을 하거나 큰 소리로 얼굴 붉힌 기억이 별로 없다. 딱 한 번 기억이 있는데 어머니는 방에서 옷감을 다듬이질 하고 계셨는데 아버지께서 돈을 던지면서 화를 냈던 기억이 난다. 부모님의 상황은 모르지만 이 기억이 그려지는 것을 보면 어린 나이에 상당히 놀랐던 것이 아닌가 생각된다. 우리 동네에서 우리 집은 중앙에 위치해 있었는데 늘 뒷집과 앞집, 옆집에서 부부끼리 싸우고 욕하는 모습은 구경거리요 충격이었다.

나의 어린 시절은 다른 이들과 좀 달랐다. 60년대 당시엔 모두 못 살았기에 나의 또래 친구들은 땔감을 구하기 위해 나무하러 가기도 했고, 솔방울을 따러 다니기도 했었다. 난 그때마다 친구들과 함께 가고 싶었지만 부모님한테 혼나기 때문에 갈 수가 없었다. 집에서 키우던 개 이름이 '메리'였는데 개와 뛰어놀며 시간을 보냈던 기억이 난다. 대부분 동네 친구들은 초등학교를 졸업하고 돈을 벌기 위해 거의 서울로 올라가서 '차장'을 했다.

대학에 다닐 때 일이다. 어느 때처럼 집에 가려고 명일동 버스 500번을 탔는데 누군가 아는 체를 했다.

"미자 아니니?"

어린 시절 친구였다. 그 날 운 좋게 나는 한 주먹 가득히 구겨진 버스표를 선물로 받았던 기억이 난다.

"오라이"

밀린 버스에 실려 친구의 문 닫는 소리를 들으면서 나는 그 친구와 많이 다른 인생을 살고 있음을 느낄 수 있었다. 도시의 어느 중산층 가정과는 비교할 수 없는 상황이지만, 나의 어린 시절은 시골에서 부족함을 모르고, 어떠한 가사나 일에 대한 부담을 느끼지 않으면서 많은 사랑 속에 뛰어놀던 해맑은 시절이었다.

오빠 사업장의 화재

:

　나의 인생을 그래도 깊이 생각하게 된 첫 번째 계기는 초등학교 6학년이 되어서였다. 작은 오빠가 전주에서 인쇄소를 시작했는데, 첫 책을 출간하여 출고를 앞두고 있는 상황에 큰 일이 일어났다. 늦은 시간에 집에 도착하여 저녁을 먹고 있는데 MBC 방송에서 우리 오빠가 운영하는 곳에 "불이 났다"는 뉴스를 듣게 되었다. 당시에는 통행금지가 있었던 터라 다음 날 일찍이 사업장에 도착해보니 모든 것이 불타버린 상황이었다. 이유인즉 인쇄소 기술자가 술을 먹고 퇴근하여 집에 도착했는데, 아내의 잔소리에 열이 받아 다시 인쇄소로 돌아와서 라이터로 불을 질러 버린 것이다. 이렇게 황당할 수가 있는가? 갑자기 우리는 빚더미에 올라앉게 되었다.

　그 일로 오빠는 서울로 피해갔고 모든 빚은 우리 부모님이 떠안으시게 된 것이다. 돈을 빌려주었던 먼 친척 이모는 "돈을 내 놓으라"며 집에 머물러 계셨다. 온 집안이 소용돌이에 갇히게 되었다. 당시 큰 언니는 결혼을 준비하고 있는 상황이었고 둘째 언니는 고등학교에 진학해야 했고, 나도 중학교에 진학해야 했다. 우리는 우리가 가진 모든 목표를 내려 놓아야했다. 단 한 가지 큰 언니의 결혼만 진행하기로 결정하였다. 이와 같이 절벽에 부딪힌 적은 처음 겪는 일이었다. 한 번도 생각해 보지 않은 재수를 우리 가정 형편 때문에 초등학교 때 해야 했다. 이 사실은 적잖은 충격이었고 나는 자존감에 큰 상처를 입게 되었다. 돈 때문에 겪는 좌절감이었다. 처음엔 당황스러웠지만 시간이 지나면서 차츰 견딜만했다. 그러나 마음 저변에 자존감의 상처는 깊이 내재하여 무슨 일이 닥치면 움츠러드는 현상이 나타나게 되었다.

시간은 흘러 다시 그 지역에서 명문 중학교에 입학하였고, 조금은 경제적인 압박감을 느꼈지만 즐거운 중학교 생활을 마무리하였다. 그리고 자연스럽게 중학교와 연계된 그 지역에서 명문인 고등학교로 진학을 하였다. 남의 가정 일이라고만 생각하기 쉬운 '화재의 현장'은 다른 사람이 아니라 나의 가정에도 실제로 일어날 수 있는 불행이었다. 이 첫 번째 경제적 난관은 철없던 나의 삶에 여러 인생의 의미를 일깨우는 계기가 되었다. 무엇보다 돈 때문에 겪는 아픔을 조금이나마 이해하게 되었다.

교통사고

:

　나는 원래 천성적으로 밝은 성격의 소유자였다. 고등학교 2학년 가을학기가 시작되고 얼마 지나지 않은 시점이었다. 초가을이라 아직 하복을 입고 있었던 상황이었다. 길가에는 코스모스가 흐드러지게 피어 있었다. 수업을 마치고 버스에서 내려서 친구와 이야기를 하며 집으로 가는 중이었다. 버스 정류장이 위쪽에 있어서 집을 가려면 500m쯤 큰 길을 내려 걸어가야 했다. 친구는 안쪽에 나는 바깥쪽에서 걸어가는데 누군가 나의 어깨를 쌔게 치는 것 같았다. 나는 다른 친구가 장난삼아 치는 것으로 생각했었다. 그러나 정신을 차리고 보니 나는 360도 돌아서 누워있고, 큰 통나무를 실은 트럭이 보였다. 사고였다.

　때마침 그곳에 있는 사람의 도움으로 병원으로 옮겨졌다. 그것도 외과나 종합병원으로 실려 간 것이 아니라, 전주 어느 구석진 정신과 병원으로 옮겨져 적잖은 고생을 해야 했다. 나는 의식을 잃어 기억이 없다. 내가 깨어난 시간도 기억할 수가 없다. 깨어나니 사방이 하얀 병실이었다. 운전사가 겁에 질려 구석진 병원으로 인도한 것 같다. 이렇게 나의 병원생활이 시작되었다. 교통사고를 당했으니 적절한 외과 치료를 받아야 하는데 정신과에서 치료하니 역반응이 나올 수밖에 없었다.

병원에 입원한 후 3일 되던 날에는 이유를 알 수 없는데 고열로 인하여 혼수상태에 빠졌던 것 같다. 그 혼수상태에서 검정 옷을 입은 두 사람이 나타나 어디론가 "가자"고 했다. 나는 "안 가겠다"고 버티고 있는데, 간혹 벽에 걸렸던 그림으로 보았던 예수님의 사진이 나타나고 나는 의식을 갖게 되는 사건도 있었다. 정신을 차려보니 아버지와 언니가 나를 간호하다 잠들어 계셨다. 가족회의가 열리고 이러한 이상한 치료를 두고 볼 수 없어 옮기기로 결정했다. 그곳에 머물렀던 일주일의 시간은 진료의 실수로 소송을 했다면 많은 배상을 받아야만 했다.

그 후 나는 익산의 한 외과 병원으로 옮겨졌다. 이곳에서는 고등학교 친구들의 방문이 연달아 이어졌고, 나의 다리는 정신과에 있을 때는 각목으로 묶여 있어 상태를 알 수 없었는데, 외과로 옮겨 다시 수술을 했는데 깨어나서 보니 한 쪽이 절단되어 있었다. 암담한 미래였다. 가을학기 내내 병원생활을 해야 했다. 가족들의 돌봄과 친구들의 사랑 속에 지냈지만, 다시 학교에 등교했을 때는 모든 것이 낯설었다. 너무나 당연하게 생각했던 걷는 것 자체가 내겐 큰 과제였다.

어느 날 아버지께서는 의족을 신고 걸어 다니는 분을 데리고 오셨다. 그분은 크러치를 가지지 않고 걷는 것이었다. 참 신기했다. 나도 그럴 수 있을까? 얼마 지나지 않아 나도 보조기에 적응하며 걷는 것을 연습하였다. 그것은 고통 그 자체였다. 그래도 한 발씩 걷는 연습을 하며 적응하였다. 감상에 젖어 눈물지을 여유도 없었다. 코앞에 고3 생활이 기다리고 있었기 때문이다. 고등학교 2학년 가을학기를 병원에서 보내고 나니 대학을 들어가야 하는 큰 관문이 눈앞에 있었다. 뒤떨어진 공부도 부담이지만 재수는 더 더욱 하기 싫었기 때문이었다.

어렸을 때부터 장애를 가진 것이 아니라 중도 장애를 입은 사람들의 삶을 배워가는 것은 쉽지 않았다. 때로는 환상통증에 시달려야 했다. 다리가 없는데 있는 것처럼 느껴서 헛발을 디뎌 넘어지는 경우이다. 한마디로 착각을 하는 것이었다. 특히 잠결에 일어나서 무심코 그러한 경우가 많았다. 그때마다 느끼는 허탈함은 내가 감당해야 할 십자가였다. 새롭게 시작하는 모든 삶은 불편하기만 했다. 특히 계단을 오르내리는 것은 힘겨웠다. 나는 언니의 도움을 받으면서 학교 앞에서 자취생활을 했다. 스스로 재활을 하면서 대학 입시의 치열한 시간들을 보냈다. 정말 많은 인내와 고통을 감수해야만 했다.

대학에 입학하다

:

나는 운 좋게 대학에 합격했다. 당시 대학에 들어가기 위해서는 '예비고사'를 치러야 했다. 이 시험에 합격하는 자들에 한하여 대학에 진학할 자격이 주어지는 제도이다. 이 시험도 어려워 우리 학교에서는 한 학급에서 삼분의 일 정도 합격했던 것으로 기억한다. 나는 합격하여 서울로 대학을 진학할 수 있었다. 사업하다 화재로 서울로 올라온 오빠 가정이 자리를 잡고 있었기 때문이었다. 한양대학은 당시 후기 대학이었다. 나는 전기 대학에 지원했지만 면접에서 떨어지고 후기 대학으로 들어올 수 있었다. 나는 흡족해하지 않았지만 오빠의 설득에 의해 한양대에 다니게 되었다. 지금 생각하면 어렸을 때부터 나의 삶에 있어진 이 모든 것들이 하나님의 섭리 가운데 작정된 것이었다고 생각하게 된다.

나의 대학생활은 그렇게 시작되었다. 한양대학은 원래 산이어서 오르막길이 많지만 특히 사범대학은 제일 높은 꼭대기에 위치해 있어 118개의 계단을 매일 오르내려야 했다. 정말 힘든 등산을 매일같이 해야만 했다. 더운 여름철에는 의족에 땀이 차서 피부가 짓무르고 생채기가 나 걷기 힘든 때를 제외하고는 그래도 의족에 의지하여 무리 없이 다닐 수 있었음에 감사하다.

나의 대학생활은 전공공부보다는 인생의 근본적인 철학적인 질
문에 해답을 얻는 시기였다. 대학 일학년 때에는 도서관에서 많은
책을 읽었던 기억이 난다. '왜 사는가?' '무엇을 위해 살아야 하는
가?'에 대한 해답을 얻고자 노력했었다. 같은 과 친구와 언제나 함
께 하면서 노천극장 앞에서 많은 이야기를 나누었다. 훗날 같이할
수 없는 아쉬움을 카드에 담아 보내오기도 했다.

대학 입학식에서 기드온 협회에서 준 선물 '파랑색 신약성경'도
읽어 보았다. 그러나 재미가 없어서 진도가 나가지 않았다. 우리 친
척 중에는 유일하게 외삼촌의 가정이 기독교인들이었는데 사촌 오
빠가 신학을 한다고 하니 관심이 있었다. 또한 친가 쪽 사촌 오빠가
카톨릭 수사여서 가끔씩 만나면 '분
도 출판사'의 많은 책들을 선물로 주
기 때문에 기독교는 생각 속에서 큰
자리를 하고 있었다. 더욱이 사고로
병원에서 생사를 사투하고 있을 때
사진으로 나타난 예수님에 대하여
답을 얻어야 했다. 그러나 관심은 있
었지만 그렇다고 복음을 이해한다
는 것은 무리였다.

나의 대학생활은 무의미함으로 갈수록 고민이 깊어졌다. 대학을 다녀야 하는 이유까지 심각하게 생각하면서 2학년이 시작되었다. 개학 후 3월 2일이었다. 사범대 벤치에 앉아 있는데 같은 과 친구가 밝은 얼굴로 다가왔다. 그녀가 그리 밝은 사람이 아닌데 뭔가 달라 보였다. 이유인즉 이러했다. 그녀가 어느 날 도서관에서 공부를 하고 있는데 선배의 전도를 받고 어떤 곳에 갔는데 그곳에서 삶의 의미를 찾았다는 것이다. 이렇게 쇼킹할 수 있는가!

"그곳이 어딘데?"
"나도 가 봐도 될까?"
"물론 대 환영이지"

그 날 나도 친구가 삶의 의미를 찾았다는 곳에 가게 되었다. 외형적으론 누추해 보였는데 그 안에서 대화하는 학생들의 얼굴은 밝았다. 얼굴은 마음의 거울이라 하는데… 이것은 운명인가? 퇴폐적인 대학생들의 모습이 아니라 거룩함을 나타내는 모습이 왠지 끌리게 했다. 마침 국문과 선배 언니가 있었는데 기쁨으로 성경을 가르쳐 주겠다는 약속을 받고 나왔다.

그리고 성경을 공부하기 시작했다. 창세기 공부는 신선한 충격이었다. 지금까지 진화론에 입각한 교육에 젖어 있던 나에게 난생 처음 창조론을 접하게 되는 순간이었다. 정말 신화 같고 재미있었다. 전설 같은 지식이지만 성경을 공부하는 것은 재미있기 때문에 계속하였다. 물론 소감도 써오라면 써가지고 갔다. 그런데 갈수록 신앙의 입장에서 성경을 가르치고 믿도록 권면하니 거부감이 커서 그만두게 되었다. 그러나 인생의 근본적인 답은 어디에서도 찾을 길이 없었다. 단지 희미하게 '성경 속에는 길이 있지 않을까?'하는 막연한 생각이 자리하고 있을 뿐이었다.

뜨거운 여름을 보내고 인생의 답을 찾을 수 없었던 나는 가을에 다시 전화로 문을 두드리게 되었다.

"언니, 다시 성경을 공부하고 싶은데 가능할까요?"
"반가워요. 언제 만날까?"

마침 그 가을에 불광동 수양관에서 '선교집회'가 열렸다. 선배언니는 나를 그곳으로 권면하여 참석하게 되었다. 집회에는 많은 대학생들이 참여하였다. "그 안에 생명이 있었으니 그 생명은 사람들의 빛이라"(요 1:4)는 메시지였던 것으로 기억된다. 나는 메시지보다 몇 사람의 선교사님들이 간증하였던 나눔이 기억난다.

그 간증에서 '자기는 어렸을 때 노벨 물리학상을 받는 과학자, 퀴리 부인이 되고자 했는데, 가정형편 상 그러할 수 없었다.'는 내용으로 기억이 된다. 그 간증을 듣는데 인생을 인도하시는 하나님의 주권이 믿어졌다. 마음 깊숙한 곳에서 공감의 눈물이 솟아올랐다. 하나님께서 나를 인격적으로 만나주신 것이다. "심령이 가난한 자가 복이 있다"고 했는데 이 집회에서 나의 심령을 터치하여 나의 인생을 주관하시는 하나님의 주권을 믿게 하셨다.

성경에 기록된 대로 주를 믿는 것은 성령님의 역사가 있어야 함을 깨닫는 시간이었다. "혈통으로나 육정으로 가능한 것이 아니라 하나님으로부터 나야한다"(요 1:13)는 말씀이 나의 삶에 실현되는 순간이었다. 하나님의 은혜로 믿음을 선물로 받게 된 것이다(엡 2:8). 어린아이처럼 위로부터 거듭나는 체험을 하게 되었다. 이 사건은 나의 긴 신앙생활을 지탱해 주는 원동력이 되었다. 정말 놀라운 경험이었다.

가장 아프리카다운 나라, 카메룬

:

나의 간증을 하다보니 나와 엇비슷한 경험을 한 의사 선생님 한 분이 떠오른다. 그는 오래전 '이경규가 간다' TV프로그램에서 '아프리카의 슈바이처'로 소개된 분이시다.

그 분은 카메룬에 가서 의료봉사로 헌신하시는 분이신데, 독실한 기독교 가정에서 자랐지만 신앙은 별로 없으셨다. 그는 의사로서 개인병원을 운영하며 돈도 많이 벌고 성공적인 삶을 살았지만 만족이 없었다. 그러던 어느 날 하나님의 은혜를 경험하는 큰 사건이 일어났다. 빨리 가려고 중앙선을 넘어 운전을 하다가 앞에서 오는 차와 정면으로 부딪힐 상황이었다. 무조건 옆으로 차를 돌렸는데 논이어서 차가 그곳 언덕길에 박히게 되었다. 큰 교통사고로 죽을 상황이었는데 놀랍게 살아난 것이다. 그는 세속적인 삶을 따라 살면서도 모태신앙인답게 항상 다음과 같이 기도했다.

"하나님! 저를 살살 치셔야합니다"

그 사건을 통하여 그는 하나님께서 자신에게 감당할 만큼의 시험을 주시고 지켜주신 것을 생각하고 감사하여 자신의 삶을 주께 헌신하고자 결심하셨다. 그 후 개발도상국과의 우호협력을 증진하고자 세워진 KOICA에 자원하여 카메룬 야운데에 머물며 의료봉사로 헌신하셨다. 한 사람을 향한 하나님의 놀라운 주권적인 역사는 우리가 다 이해할 수 없는 것 같다.

나는 이 가정과 오랜 관계를 가지고 있었다. 의료봉사를 가겠다는 결심을 한 것을 아신 이 가정의 지인이 평신도 선교사로서 준비되도록 나에게 소개하여 성경공부를 시작하게 되었다. 나는 오랜 기간 창세기와 로마서 등 성경을 가르쳤다. 은혜 받으신 후에는 대학 동문이자 유명한 산부인과 의사들인 친구가정을 초청하여 우리는 주일 오후 6시부터 만나 식사하고, 밤 10시가 넘도록 말씀을 공부했다. 그 후에는 초청받아 함께 한 의사선생님도 고등학교 친구이자 교수 가정인 부부를 초청하여 한 그룹을 만들어 신앙생활을 재미있게 하였다. 카메룬에 가신 후에도 한국을 방문하시면 친구 분들은 자기 집을 오픈하여 1박2일 수양회도 하고, 때로는 병원에서 말씀을 나누며 오랜 시간을 함께 한 그룹이다. 나이가 들면 자기의 삶을 오픈하고 나누기도 어려운데, 이분들은 대학 때 친구들과 신앙 안에서 우정을 나누며 멋지게 살고 계시는 분들이시다.

내가 남아프리카에 갔을 때의 일이다, 한국국제협력단KOICA에 지원하여 카메룬에 계신 그 의사선생님께 전화 한 통쯤은 드리는 것이

예의라 생각되어 연락을 드렸다.

"여보세요. 김 선생님이시죠?"
"제가 남아공에 왔어요. 인사 차 전화 드렸습니다."
"채미자 간사님! 반갑습니다. 남아공까지 오셨는데 카메룬에 오
셔야합니다. 같은 아프리카입니다."

나는 부담이 되었지만, 자기 생애를 드려 봉사도 하는데 한 번
쯤 격려 차 들리는 것이 양심상 옳은 것 같았다. 일단 남아프리카공
화국 선교사님과 동행하기로 하고 급히 준비하였다. 그곳을 가려면
"Yellow Fever" 백신주사도 맞아야 했다. 그 주사 가격도 만만치
않았다. 그리고 비행비표를 예약하여 떠나게 되었는데 카메룬을 방
문하면서 '아! 바로 이것이 아프리카 땅이구나.'를 실감하게 했다.

우리는 카메룬의 수도 "야운데"를 가고자 나섰다. 그런데 떠날 때
부터 문제에 봉착했다. 공항에서 비행기를 타기 위해 예매권을 발권
하려고 하니 창구가 없는 것이었다. 우리는 물어서 카메룬을 담당하
는 2층 사무실을 찾았다. 그런데 비행기가 떠날 시간이 되었는데도
창구 문이 닫혀 있었다. 정말 당황스러웠다. 이런 경험은 처음해보
는 경우였다. 다시 1층 안내 데스크에 와서 알아보았다.

"비행기 표를 예약했는데, 창구가 없는데 어떻게 해야 하나요?"

"우리는 모릅니다. 만일 카메룬을 가려면 케냐 행 비행기 표를 다시 사서 돌아 가야합니다. 시간이 없으니 빨리 서두르세요."

고민이 되었다. 우리는 상의를 했다. 이미 '황열병' 예방주사도 맞고, 의사선생님도 기다릴 텐데. 난감 했지만 용기를 내어 크레딧 카드로 다시 비행기 표를 구매하였다. 그래도 국가 간 신용이 보장되어 비행기 값은 되돌려 받으리라고 생각했다. 우리는 직항이 아닌 케냐를 돌아 야운데에 도착했다.

우리는 카메룬에 단지 가는 것도 이렇게 힘든데, 그곳에서 생활하는 선교사님들의 고생은 이루 말할 수 없을 것이다.

한번은 식사를 준비하면서 사모님의 고충을 들을 수 있었다. 식자재를 구하기가 어려워 생선을 먹고 싶을 때는 짐승의 사료로 주는 쓰레기 장소를 찾아가서 쓸 만한 생선을 주어 와서 손질하여 튀겨 드신다는 것이다. 참 부유하신 분들인데 복음 때문에 가난하게 되신 주의 종들의 모습이었다.

또한 집을 들어가고 나올 때마다 모기가 들어올까 봐 노심초사하는 모습과 모기향을 언제나 피워놓으시는 이유는 사모님께서 말라리아에 두 번이나 걸려서 고생하셨기 때문이라고 한다. 이렇게까지 수고하면서 봉사하시는 모습이 감동이었지만, 카메룬 사람들과 일하면서 겪는 문화적 차이로 인한 고통이 더 크셨다고 말씀하셨다.

누군가 남모르는 십자가를 지는 사람이 있기 때문에 누군가는 혜택도 얻을 수 있는 것이다.

카메룬은 오랫동안 프랑스 식민지로 있어서 대부분 프랑스어를 사용했다. 또한 영국 식민지로 있기도 해서 영어도 20% 정도 사용한다고 한다. 굴곡이 많은 국가인 것이 분명하다. 가는 길에 카메룬 청년들이 빨강색 황토 길 옆에서 신나게 축구를 하고 있었다. 우리나라에서는 축구 잔디가 좋다거나, 나쁘다거니 이야기 하는데 카메룬 청년들에게는 상관이 없단다. 빨강 황토 색 마당에서 거의 연습을 한다고 했다. 그래도 축구국가 대표 팀도 있고, 월드컵에도 진출하는 축구를 사랑하는 나라이다. 한국과의 관계는 1969년부터 상주 대사관을 유지하여 왔으나 외환위기 여파로 한국대사관은 폐쇄하였다. 그래도 코이카로 학생들이 봉사 차 꽤 있다는 이야기를 들었다.

의료봉사에 참여하다

:

내가 마침 카메룬에 갔을 때 시골 어느 지역으로 의료봉사가 계획되어 있었다. 때마침 좋은 경험을 할 수 있는 기회였다. 카메룬은 도로사정이 열악했다. 기억이 가물가물한데 4시간 가량 차를 타고 어느 마을에 도착하였다. 의사선생님이 70명 정도 진료할 수 있다고 말씀하셨는데 거의 400명이 왔다고 힘들어 하셨다. 한 사람 한 사람 일일이 진찰을 하고, 사모님은 약을 주셨다. 그들은 "감기약도 먹어 보지 않아 약 효과가 엄청 크다."고 말씀하셨다.

나는 아프리카 특유의 냄새로 머리가 아파서 같이 있을 수가 없었다. 난 꾀를 내서 음식을 준비하는 여인들 틈에서 바람이 부는 곳을 택하여 앉아 있으니 살 것 같았다. 사모님에게 물어보았다.

"특유의 냄새로 힘들지 않으세요?"
"아니요. 이젠 향기로운데요."

아! 이러니 이곳에서 머물 수 있겠구나 싶으며 부끄러운 생각이 들었다. 재미있는 것은 카메룬 사람들은 외부 사람들에게 사진을 찍히는 것을 싫어한다는 것이다. 토착 종교의 영향인지 사진을 찍으면 "심장을 빼앗아 간다."는 속설로 사진을 찍으면 사진기를 빼앗고 소동이 일어난다. 그런데 이 마을에서는 허락받은 것처럼 자유롭게 사진을 찍을 수 있었다. 어떤 사람들은 포즈를 취하기도 했다.

봉사를 마치고 카메룬 원주민 의사 집에서 큰 파티를 열어주었다. 추장도 오시고, 아프리카의 문화를 접할 수 있는 기회가 주어졌다. 아프리카 전통음식도 먹고, 먹은 후에는 운동장처럼 넓은 집 뜰에서 아프리카 특유의 음악과 춤을 추며 즐기는 모습을 구경하게 되었다. 모든 사람이 어우러져 즐겁게 춤을 추었다. 원주민 의사들도 흥에 겨워 춤을 추셨다. 내가 본 아프리카의 전통악기를 "젬베"라고 부르는지는 모르겠지만 젬베로 아프리카 특유의 소리를 내며 북치는 손길이 흥겨웠다. 나도 한 번 두들겨 보았으나 재주가 없어 튕겨나는 소리밖에 낼 수가 없었다. 또 다시 경험하기 어려운 너무나 진귀하고 소중한 체험이었다.

캠퍼스 전도와 큐티

:

그곳에 거하면서 한국에 있을 때와 동일하게 우리는 날마다 아침에 큐티를 나누었다. 말씀을 나누고 카메룬을 위해 기도하였다. 그리고 식사를 하고 일정을 시작했다.

하루는 의사선생님께서 근무하시는 학교 병원을 들렸다. 한 사무실을 쓰고 계셨는데, 벽 중앙에는 대한민국 국기가 걸려 있었다. 이곳에 찾아오시는 분들을 진료도 하고 상담도 하는 곳이었다.

우리는 활동하고 계시는 병원에 들려 캠퍼스에 가서 전도도 했다. 전에 방문하였던 마을과 다르게 학생들의 눈빛에서 경계심이 대단하였다. 한번은 내가 묻지 않고 활동하는 학생들을 무심코 사진을 찍으려고 했다가 제지를 당하기도 했다. 남아프리카공화국에서 흑인들을 대상으로 사역하시는 선교사님께서 재빨리 그 상황을 설명하고 이야기함으로 분위기가 역전되어 오히려 주소를 주고받고, 복음을 설명할 수 있는 기회가 되었다. 소개하면서 들으니 너무 순수한 모습들이었고, 이야기를 마친 뒤에는 우리 모두 단체 사진을 찍으면서 환하게 미소를 지으며 헤어지기도 했다. 이곳에 우리의 모임도 세워지면 좋을텐데…

돌아오면서 의사선생님의 속내를 들을 수 있었다. 수도에 위치하지만 문화생활을 즐길 곳이 단 한군데도 없다는 것이다. 만일 카페를 가고자 해도 분위기를 느낄만한 곳도 없고, 식당도 그렇다고 한다. 이곳에서는 노천에서 카페를 연다고 한다. 노상을 오가면서 살펴봐도 한 나라의 수도라고 하기에는 너무 열악한 환경이었다.

우리는 돌아오면서도 한 차례 홍역을 치러야 했다. 다름 아닌 비행기 표 때문이었다. 도착한 날부터 사모님께서 여행사를 매일 같이 들리시면서 확인한 문제였다.

일주일에 세 번밖에 남아공으로 출발하는 비행기가 없다는 이야기를 들었고, 그 비행기조차 떠나는지 확실하지 않았기 때문이다. 또한 우리가 오면서 예매권을 발권하지 못하는 황당한 경험도 했었다.

출발하면서 또 한 번 웃지 못 할 경험을 하였다. 비행기를 타러 가는데 시간이 되자 출입구 쪽으로 사람들이 우르르 몰려와서 서로 밀치면서 입구를 빠져 나갔는데 비행기를 타보니 지정된 좌석이 없었다. 버스처럼 먼저 타서 자리를 잡으면 되는 것이었다. 와우! 이런 비행기는 처음 타보았다. 비행기 좌석을 겨우 잡고 앉아 있는데. 이제는 비행기 문을 열어놓고 있는 것이었다. 밖은 무더운데 비행기를 타고서도 종이로 부채질을 해야만 했다. 한참을 기다리는데 이륙 10분전 쯤 되어 배지를 단 북한 사람들의 일행이 비즈니스석에 탔다. 고위공무원임이 틀림없었다. 그리고 5분 전에 비행기 문이 닫히고 에어컨이 들어오면서 출발하였다. 바로 이것이 카메룬의 상황이었다.

우리는 남아프리카공화국에 도착하여 영사를 찾아갔다. 그리고 비행기 표에 대하여 항의를 했다.

"해결해 주겠습니다."
"가서 기다리세요."

남아공에 있을 때도 입금되지 않았고, 한국에 돌아와서도 남아공에 계신 선교사님께서 영사관을 몇 번 찾아가서 말씀드렸는데도 동일한 답변은 "기다리라"는 것이라고 한다. 15년이 지난 지금까지 우리는 비행기 값을 돌려받지 못하고, 결과적으로 카메룬에 헌금한 것이 되었다. 이렇게 후원하는 방법도 있다니…

"우리 주 예수 그리스도의 은혜를 너희가 알거니와 부요하신 이로서 너희를 위하여 가난하게 되심은 그의 가난함으로 말미암아 너희를 부요하게 하심이라"(고후 8:9)

"Hwa-Byung"

✚　　　　　나는 요즈음 한 형제에게 성경을 가르치고 있다. 그
는 자기의 병명이 "화병"이라고 한다. "화병"은 '나이든 여성에게서
나타나는 현상으로, 대체로 깊은 한숨을 많이 쉬는 특징을 가지고
있다'로 이해하기 쉬운데 젊은 형제, 그것도 좋은 학벌과 성실함을
좋은 습관으로 형성하고 있으며, 핸섬하게 생긴 외모는 그의 병명을
의아하게 생각하도록 했다. 도대체 화병은 어디로부터 기인하는지
생각해 본다.

　"화병"은 의학적으로 '억울한 감정을 제대로 풀지 못하고 오랫동
안 참음으로 가슴 답답함 등의 신체적 증상으로 표현되는 질병'이라
정의하고 있다. 화병은 우리나라에서는 오래 전부터 고부간의 갈등,
부부간의 갈등, 가난, 고생, 재산의 손실 등으로 인하여 그 화가 오
래 쌓여서 나타나는 병이라 생각하여 왔다.

　1996년 미국 정신과협회에서 이러한 화병을 한국인에게만 나타
나는 특이한 현상으로 정신질환의 일종으로 공인하였다. 그리하여
한국인의 화병을 세계인의 질환으로 공식 인정하고, 공식질환명칭

도 한국발음 그대로 "Hwabyung"이라 칭하였다. 화가 나는 일을 당하고 그것을 잘 풀지 못하였을 때 가슴에 응어리가 남아 신체적, 정신적 증상을 동반하는 것을 칭한다. 왜 하필 화병은 한국인에게만 나타나는 병일까?

요사이 어른들만 아니라 젊은이들에게서 이런 말들을 가끔 듣는다. "울화가 치밀어 오른다." "화가 나서 미칠 지경이다" 좀 더 젊은 표현을 빌리자면 "열 받게 한다." 등의 표현이다. 이러한 표현은 화병으로 갈 수 있는 지름길이다. '열 받은 감정'의 문제를 어떻게 극복하는가의 차이가 병을 결정짓는다고 생각된다. 속상한 감정, 억울함 등의 스트레스를 어떻게 해결 하는가? 여러분은 어떻게 해결하는가?

특히 신앙인들에게는 더 많은 스트레스가 있는데 어떻게 해결하는가? 타인으로부터 기인하지 않아도 스스로 기도하지 못한 것, 사랑하지 못한 것, 봉사를 잘 하지 못한 것, 거룩하지 못한 것… 등 자신을 속박하는 것들이 너무 많다. 그래서 정신과 병동에 가면 교회 다니는 사람들이 그렇게 많은가보다.

인간은 사회생활을 하지 않고는 살 수 없다. 하나님께 나아가 모든 것을 아뢰고 은혜 받아도 사람들이 사는 사회에서 관계를 잘 맺지 못하면 사회적 소외감으로 고통을 받게 된다.

믿음이 좋은 것과 의사소통을 잘하는 것과의 문제는 다른 경우이다. 의사소통의 문제는 노력해야 한다. 화병은 "문화결함증후군"으로 분류된다. 한국인들에게 화병이 많은 이유는 바로 의사소통을 잘못하기 때문에 빚어진 문제라 생각되어 진다. 때와 장소에 따라 적절하게 이야기 하는 표현법을 익힌다면 겪지 않아도 될 일이다.

한 시민단체가 10월 24일을 "Apple day"로 지정했다. 별 것 아닌 일로 싸우고 화내고 괴롭혔다면 '사과하자'고 사과의 계절에 잘 익은 사과 한 개를 주고받으며 '두 사람이 서로 사과한다'는 의미로 24일을 정했다. 마침 사과에 "미안해"라고 새긴 사과도 판매한다니 얼마나 좋은가? 인간관계는 솔직할수록, 빠르게 표현할수록 쉽게 관계를 맺을 수 있고 어물어물하다가 사태를 악화시키는 경우가 훨씬 많다.

화병은 남의 일이 아니다. 우리 가까이에, 자신 안에 내재해 있음을 발견할 수 있을 것이다. 의사소통과 스트레스를 바로 푸는 법을 연습하자. 스트레스를 억압하면 화병의 증세가 나타날 수 있다. 가슴이 답답하고, 머리가 아프고, 뒷목이 뻣뻣하고, 잠이 안 오고, 소화가 안 되고, 급작스러운 화를 폭발하고…

자기를 잘 표현하여 행복한 그리스도인의 삶을 살길 바란다.

3

훈련과
신앙생활

예수님을 믿게 되었다고 하루아침에 성인이 되거나 영향력 있는 사람이 되는 것은 아니다. 그러나 신앙의 관점에서 자신과 세상을 보는 싸움을 싸우게 되고, 싸울 힘을 공급받았다는 점은 믿음을 가진 후 큰 변화이다. 예수님을 믿은 후 나도 기독교적 관점에서 살아가는 새로운 생활이 시작되었다. 새로운 공동체의 일원이 되었고, 나의 삶의 중심축이 성경말씀에 근거하여 신앙에 따라 살고자 하는 태도로 변화되고 있었다. 신앙 공동체에서의 생활은 서로 다른 사람들이 하나의 목표를 향하여 나아가고 있었기에 신앙인격도 필요하고, 다양성이 커서 많은 어려움과 조율이 필요했다. 지금까지 학습된 나의 모든 삶과 습관, 지식들이 재조명을 받게 되는 시간들이었다.

기독교적 가치관 정립

:

예수를 믿고 공동체의 생활이 시작되면서 나의 삶에 성경적 가치관이 정립되기 시작하기도 했지만 혼란스러움도 함께 했다. 가끔씩 부딪힌 문제로 골똘히 생각하다 집 앞 버스정류장에서 내리지 못하고 종점까지 가는 경우도 있었다.

"여기가 어디예요?"

생소하여 두리번거리다 물어보면 버스 종점이었다. 지금까지 인본주의적 사고에 의하여 학습되고 경험된 모든 것들이 무엇이 '성경적인가?'에 초점이 맞추어져 고민이 많았던 것이다. 성경적 가치를 받아들이기까지는 자기를 부인해야 하는 아픈 시간들이 필요했다. 비슷한 고민을 했던 나의 후배는 고민하면서 '잠실대교'를 홀로 걷기도 했다고 한다. 이러한 고민을 풀 수 있는 가장 효과적인 방법은 성경공부였다.

내가 예수를 막 믿고 얼마 안 되어 공동체에서 겨울 성경학교 준비를 위해 열왕기서 상하를 공부하던 것이 기억에 많이 남는다. 이스라엘의 많은 왕들의 인생이 조명되는 말씀이었다. 좋은 왕들과 나쁜 왕들의 평가의 기준이 제시되며, 인생을 어떻게 살아야 하는지 성경은 정확하게 말해 주었다.

봄 학기가 시작되자 마가복음을 공부하였다. 복음서에 나타난 예수님의 삶을 토씨 하나까지 살펴보면서 '굳이 이렇게 까지 공부할 이유가 있나?' 회의도 했지만, 섬기는 인생이 가장 의미 있고 멋진 삶인 것을 알게 되었고, 나도 그러한 인생을 살고 싶다는 소원을 가지게 되었다.

대학 4학년 때에는 교생실습을 하면서 모임의 선배로 산다는 것이 힘에 겨워 고민할 때, 로마서를 공부하면서 십자가의 복음을 깊이 알게 되었고 죄 사함의 은혜를 누리게 되었다. 그 외에도 여러 성경공부는 나의 인생 기초를 놓는 초석이 되었다. 말씀 안에서 누리는 자유함과 평안함은 무엇과도 비교할 수 없는 기쁨이었다.

뿐만 아니라 날마다 먹는 '일용할 양식'을 빼놓을 수 없다. 조용한 시간에 주 앞에 나아가 말씀을 묵상하고 성령께서 주시는 음성을 들으면서 때로는 위로를 덧입기도 하고, 때로는 책망을 듣기도 하면서 삶에 적용하는 시간은 정말 행복했다. 더 나아가 말씀을 묵상하면서 소감을 써서 동료들과 나누다 보면, 미처 깨닫지 못한 의미를 알게 되고 나누게 되어 더욱 풍성함을 누리게 된다. 어떠한 어려움을 만날지라도 '큐티' 책을 가지고 조용한 곳에서 씨름하다보면 문제는 눈 녹듯이 해결되었다. '큐티'는 매일매일 부딪히는 상황에서 성경적 가치로 살아가는 법을 배우게 한다. 나의 집에는 일용할 양식 노트가 산더미가 될 지경이어서, 몇 해 전 이사하면서 모아 놓았던 큐티 노트를 박스로 버리기도 했다. 바로 이 노트가 나의 인본주의적인 모든 사고를 변화되게 한 것이다. 이렇게 말씀의 비밀을 알게 하신 것은 어떠한 스승보다 값진 것이어서 시간이 지날수록 감사제목이 된다.

또한 일용할 양식을 집필하면서 깊이 있게 말씀을 묵상하고 연구하는 것이 바쁜 간사생활에서 힘들고 진을 빼는 시간들이었지만, 이러한 말씀 연구가 설교와 성경 체계의 깊이를 더하게 하였다. 요사이처럼 바쁘고 다양화된 사회에서 성숙한 믿음의 사람을 만나 모든 문제를 상담한다는 것은 쉽지 않다. 또한 사람이기 때문에 잘못된 카운셀링도 할 수 있는데 하나님과 만나 조용히 자기 성찰을 하고, 질문하면서 갖는 시간은 기독교적 가치관을 형성하는데 가장 좋은 방법임이 확실하다. 자유롭고 안전하니 이 또한 좋다.

기독교적 가치관을 형성하는데 있어 수양회도 이야기 하지 않을 수 없다. 우리 모임의 수양회 특징은 성경 한 과목을 선택하여 강해 설교를 한다는 것이고, 또한 특강을 통하여 그 시대의 문제를 통찰해 본다는 것이다.

수양회는 많은 에피소드를 가지고 있다. 과거엔 수양회를 초등학교를 빌려 숙식을 해결했다. 한 교실에서 아기와 엄마, 청년과 어른 할 것 없이 한 방에서 자게 된다. 한 아기가 밤에 깨서 울면 도미

노 현상처럼 다른 아기도 울어서 그 밤은 괴로움의 시간이 된다. 언젠가는 너무 괴로워서 교실 복도에서 이불을 둘러쓰고 잠을 잔 적도 있다. 아침에 일어나보니 온 몸이 모기에 물어 뜯겼는데 끔직 할 정도였다. 한국에 말라리아가 없어서 다행이지 모기 때문에 걱정되는 시간도 보낸 적이 있었다. 그래도 서로 용납하고 함께하는 법을 배운 시간이었다.

대학 4학년 때의 일이다. 내가 식품영양학과 학생이라고 식당봉사를 맡았다. 난생 처음 이렇게 많은 양의 식사를 해 보았다. "너무 피곤하면 잠도 못 잔다."는 말을 이해하는 기간이었다. 너무 힘들어서 도망가고 싶은 마음이 컸었다. 그런데 때마침 빌립보서 말씀을 주제로 수양회가 진행되었는데 "내게 사는 것이 그리스도니 죽는 것도 유익하다"(1:21)는 말씀이 나의 심령을 망치로 내려치는 것과 같았다. 이 말씀을 되새김질하면서 바울은 복음을 위해 죽는 것도 유익하다고 했는데… 나의 감정을 내려놓고 순종했던 기억도 난다.

지나고 보니 기독교적 가치관은 저절로 이루어지는 것이 아니라는 것이 확실하다. 뼈를 깎는 듯 한 자기부인이 수반되는 순종을 통하여 이루어지는 것이다. 부지런히 말씀을 듣고 배우고 연구하면서 이론적으로 사고를 형성하는 것이 필요하지만, 기도함으로 성령의 인도함을 따라 자기의 감정을 꺾고 순종하는 과정을 통하여 형성되는 것임을 실감하게 된다.

개혁의 아픔

:

    대학 4학년이 되자 마지막 학년이라는 생각에 '캠퍼스를 위해 할 수 있는 최선이 무엇일까' 생각하게 되었다. 결론은 전도하여 영혼을 인도하는 것이라 생각이 들어서 이 일에 열심을 냈다. 꽤 많은 신입생들을 전도하였던 것 같다. 당시 모임에 책임목자님은 학생운동의 열매가 세계선교로 연결되길 원하셨던 것 같다. 그래서 당시 우리 과 친구들을 훈련하여 세계선교에 쓰임 받도록 하고자 계획을 가지셨는데, 중학교 2학년 영어책을 외우도록 해서 언어훈련을 시키고자 하셨다. 부활절을 앞두고 행운인지 불행인지 모임에 분열의 조짐이 일어났다.

    그날도 나는 학생하고 일대일을 하고 있었다. 그런데 하늘같았던 전국 대표님이 한 사람을 대동하고 회관에 들리셨다. 그리고 이리저리 둘러보시고 무엇인가를 지시하시고 가셨고, 같이 오셨던 다른 한 분은 그때부터 우리 센터에 상주하셨다. 후에 알았는데 그 분은 위임을 받고 오신 분이셨다. 우리는 혼란스러웠다. 리더들은 비밀리에 모여 무엇인가를 논의하고 대책을 세우는 것이 분위기가 심상치 않았다. 아무것도 모르고 순수하게 이곳에서 예수님을 믿고 헌신하던 우리는 너무 당황스러웠다. 학교에서 수업을 들으면서도 빨리 회관에 가서 무슨 일이 일어났는지 알고 싶은 마음에 집중할 수가 없었다.

나중에 알게 된 것은, 전국이 중앙집권체계로 되어 있어서 대표의 부패문제가 원인이었다. 영국의 정치가가 말했던 "절대 권력은 절대적으로 부패한다"는 격언이 어느 정도 현실성이 있음을 받아들이게 하였다. 카톨릭의 교황도 아니지만 교황과 같은 권세를 가진 것이 부패를 초래한 것이다. 실망감으로 리더들 중에는 떠나가는 사람들이 생겼다. 나를 이곳으로 소개했던 친구도 말했다.

"난 이제 그만 나갈거야."

당시 우리에게 신앙생활은 절대적인 모든 것이었다. 예수께서 베드로에게 물으셨던 질문 "너희도 가려느냐?"를 반문하게 되는 시간이었다. 그렇지 않아도 4학년이라 장래 문제가 수면 위로 부상되면서 고민되는 상황이었다. 나는 성경을 읽고 기도하면서 당분간 이 문제가 수습되면 떠난다는 계획을 가지고 중심을 지키고 있었다. 참으로 갈등이 많은 시간이었다. 후에 원래대로 복원되어 처음 책임목자님이 오셨지만 이미 상처받고 나누어진 마음은 예전처럼 회복되기 힘들었던 점도 있었다.

이러한 아픔을 가져다 준 상처는 '개혁'이라는 이름으로 새로운 시작을 하게 하였다. 타락한 인간들이 진리의 길에서 벗어날 때 공동체가 개혁되어야 하는 것이 분명하지만 절대적으로 우리가 신뢰했던 공동체가 빗나갔었다는 것은 용납하기 힘들었다. 긍정적 시각으로 개신교의 특성대로 '본질에서 벗어간 문제는 언제나 개혁하는 운동이어야 한다.'는 당위로 위안을 삼기도 했지만, 여전히 우리 마음은 불편하고 아쉬운 것이 사실이었다.

중세시대에 가톨릭의 교황주의와 의식주의로 인한 폐단을 개혁하여 "오직 성경으로_{sola Scriptura}" "오직 믿음으로_{sola Fide}" 개신교를 탄생시켰듯이, 예수님께서도 "새 술은 새 부대에" 넣어야 한다고 말씀하시면서 낡은 것들을 개혁하셨듯이, 우리 모임도 많은 논의 끝에 다른 이름으로 부르게 되었고, 또 다른 단체가 되어 지역의 재량권을 중시하면서 서로 협력하는 관계로 새롭게 세워져 가기 시작하였다. 그 후 간사들에게는 신학의 길이 열리고 공부하여 학생들을 잘 지도할 수 있게 되었음은 개혁의 열매이다.

이러한 과정에서 여러 가지 시험과 시련을 겪었지만 실족치 않고 신앙과 공동체를 떠나지 않은 것은 성령님의 은혜였다. 물론 '의리'라는 인간적 양심이 붙들어 준 것도 한몫을 했으리라 생각된다. '만일 개혁되지 않았다면 어떠했을까?' '그래도 남는 자가 되었을까?' 선뜻 답을 할 수가 없지만, 훈련이 당시에는 고통스러워도 그로 인하여 연단되면 유익도 많고 강해진다는 것을 체험하였다. 찬송가 가사처럼 '어두운 후에는 더 밝은 빛이 찾아오는 것'이다.

간사로 출발

:

개혁의 소용돌이 속에서도 분명한 소신이 나에게는 있었다. 내가 다닌 대학에서 방황하는 영혼들 100명을 만나 전도하는 것이 목표였다. 조금은 무모한 계획이었지만 그 일은 하나님 앞에서 내가 조용히 소원한 고백이었다. 성령께서 나의 마음에 선하고 아름다운 마음을 주신 것 같다. 마음의 중심을 보시는 하나님께서는 뜻밖에 일을 하고 계셨다.

어느 봄날, 목자님은 나에게 조용히 권면을 하셨다.

"목자를 해보면 어떨까?"

"아니요, 생각해 본 적이 없는데요."

그 후 더 이상 권면한 적은 없으셨다. 그러나 졸업을 할 즈음 다시한 번 말씀하셨다.

"후배들에게 성경을 좀 가르쳐 주면 어떨까?"

그것은 당분간 가능할 것 같았다.

"네"

이것이 40여년 목자 생활이 될 줄은 생각지도 못했다. 마음속으로 전도의 목표를 세웠지만 연약하여 성취하지 못했으니 후배들을 생각하며 '더 하라'는 양심의 소리가 순종을 하게 했으리라. 또한 당시 누군가 후배들을 도울 자가 필요한 상황이라고 생각했던 것 같다. 만일 간사의 생활이 무언지 알았다면 절대 나서지 않을 길이었다. 우리는 가끔 캠퍼스 간사를 '3D difficult, dirty, dangerous 업종에 속한다.'고 이야기 하곤 했다. 1990년대 쓰던 용어로 다른 직장에 비해 어렵고 힘들어서 기피하는 업종에 속하는 것을 칭하는 말이었다. 영혼을 돕는 일은 고상한 것 같으나 너무나 고달픈 생활이었다.

겨울철에는 아침에 회관에 도착하면 난로에 불을 피우면서 따뜻한 환경을 준비하는 것이 가장 힘들었다. 조개 석탄에 불을 피워 본 적도 있고, 연탄불이 붙기까지 냄새와 연기가 홀에 가득하여 창문을 열어 더 추웠던 생각도 난다. 또한 학생들을 돕기 위해서는 아침부터 저녁까지 찾아오고 찾아가는 '밀당'을 계속해야 했다. 군대 다녀온 남학생들은 나보다 나이가 많기에 간사의 권위를 인정해 주지 않아서 남모르는 고민도 있었다. 집에 가서도 양들과 함께 생활했기에 긴장감이 언제나 있었다. 언제나 회관재정은 부족하고, 학교 앞 장소의 월세는 자주 오르기 때문에 잦은 이사뿐만 아니라 헌금으로 충당해야 했다. 당시 간사의 월급은 일반 회사원의 십분의 일 수준으로 3만원을 받았다. 물론 이것도 감사한 일이지만 학생들과 사역비로 쓰면 언제나 적자였다. 이사 후 뒷정리는 간사들의 몫이었다.

단편적으로 이러한 삶도 고달팠지만 믿지 않는 가족들의 반대도 고통 그 자체였다. 신앙이 나약해지면 시험에 들 수 있는 많은 요인이 있었다. 언젠가 한 번은 사범대 앞에서 학생을 기다리고 있는데 교수님을 만나게 되었다. 교수님의 질문은 그날따라 마음을 후볐다.

"너는 지금도 학교를 다니는 거야?"

"아니요. 그냥 왔는데요… "

'어떻게 이러한 것들을 이겨낼 수 있었을까?' 의아한 생각이 들지만 그것은 학생들의 변화와 말씀이 주는 힘으로 이 모든 어려움을 이겨내도록 했을 것이다. 간사들의 미래의 삶은 보장이 없었지만 믿음에 맡기었고, 아무리 복지에 신경을 쓰고자 해도 가난한 학생운동은 실천할 수 있는 여유가 없었다. 이러한 문제의식의 일환으로 우리 단체도 졸업생들을 중심으로 교회를 개척했으나, 이 또한 대안이 되지는 못했다.

훗날 뜻있는 한국교회의 영향력 있는 목회자들이 학생복음운동 하는 간사들의 어려운 형편을 아시고 "한국복음화협의회"를 만들어 캠퍼스를 위하여 교회가 기도하고 후원하는 '입양제도'를 만들어 도움을 주는 운동을 시작했는데, 이러한 운동이 미미하기는 했지만 큰 격려가 된 것은 사실이었다.

도미니카공화국

"카리브 해"Caribbean Sea를 가다

:

나의 간사 출발 이야기를 하다보니 도미니카 공화국의 독특한 여성 간사들이 떠올라, 그 나라의 학생복음운동에 대해 나누고 싶어진다.

나는 카리브 해 연안에 떠 있는 아름다운 섬나라, 도미니카공화국을 방문했었다. 이 나라는 콜럼버스가 1492년 1차 항해 때 발견한 섬이다. 수도는 산토도밍고로 콜럼버스가 이곳에 정착하여 기독교를 전파한 스페인 도미니쿠스 교단의 수호성인 '도밍고 데 구스만'을 기리는 뜻에서 붙여진 최초의 도시이다. 스페인에서 도미니코스 교단 사람들이 많이 들어와서 정착했기에 그들의 성인 이름으로 도시 이름을 정한 것이다. 신대륙 최초의 도시이자 유럽 정착지를 건설한 곳이기도 하다. 현재 콜럼버스 하우스와 콜럼버스 거리 등 유네스코는 도시 전체를 세계문화유산으로 등재했다.

도미니카공화국에서 캐리비안해의 진수를 보여주는 보카치카Boca Chica 해변마을이 있다. 물감을 풀어 놓은 듯이 크리스털처럼 맑은 물과 새하얀 모래사장, 고요하고 수심이 얕은 바닷가는 안전하게 수영을 즐길 수 있어 많은 사람들이 찾고 있다. 강렬한 태양 아래 야자수가 어우러져 있는 아름다운 풍경은 찾는 이들에게 많은 볼거리를 선물한다. 또한 미지근하지만 곧바로 딴 야자수를 빨대로 먹는 신선한 맛과 여러 식당을 기웃거리다 맛있을 것 같아 선택하여 먹었던 이름 모를 생선튀김의 짠맛은 오랫동안 기억이 남는다. 도시가 조금은 지저분하고, 기념품이라고 해야 허름한 상가 길거리에서 파는 조잡한 장신구와 진품을 복제한 가짜 그림 따위라, 그 찬란한 나라의 가치가 조금은 퇴색된 것 같은 아쉬움을 남기는 곳이기도 하다.

산토도밍고 Santo Domingo

:

우리가 마침 도착한 날은 토요일이었다. 지금도 잊을 수 없는 기억이 있다. 라틴 음악의 여흥에 대하여서는 익히 들어 알았다. 하지만 막상 현지에서 빠른 리듬의 경쾌한 음악을 듣자니, 들을 때의 기분은 좋았으나 밤늦게 까지 시끌벅적 떠들어대고 빠른 박자의 음악이 계속 이어지니 이건 흥겨운 가락이 아니라 괴로운 소음으로 들려왔다. 무려 새벽까지 그 흥겨운 가락이 계속되는데 누구 하나 제재하지 않는 그 나라의 국민 정서를 무어라 표현해야할까? 이것이 도미니카 공화국에서 발생한 메렝게 음악이요 낭만인가? 아니 요사이 한국의 젊은이들 가운데 유행처럼 즐기는 '불금'의 한 단면의 모습인가? 그런데 우리가 머문 곳은 주택가였다. 그런데도 소음에 대한 아무 제재가 없어 도착한 첫날 몹시 피곤했지만 한 잠도 잘 수가 없었다. 그렇잖아도 모기 소리가 윙윙거려 불을 켜고 잡으려면 사라져서 불을 켜고, 끄고를 반복적으로 하고 있는데 앞집과 뒷집에서 켜놓은 라디오에서 흘러나오는 라틴 음악과 이야기 소리가 너무 크고 시끄러워 괴로움으로 밤을 뒤척였다. 도미니카의 창은 희한하게 생겼다. 긴 유리 조각으로 만들어져 창문을 닫았는데도 잘 닫히지 않은 것 같았다. 그래도 괴로움 속에서 위안이 되었던 것은 엄청난 문화의 차이를 온몸으로 깊이 느끼면서도, 하나님께서 어떻게 일하고 계시는지 보고자 하는 설렘이 괴로운 시간을 이겨내게 하였다.

도미니카공화국에서 대학생 복음운동을 시작하게 된 것은 이렇다. 시카고에 유학을 왔던 한 의사 가정이 복음을 깨닫게 되었다. 그리고 공부를 마치고 자기 고향으로 돌아가서 산토도밍고 국립 대학교를 목표로 캠퍼스 복음운동을 개척하면서 이루어졌다. 2003년부터 시작하였는데 모임을 할 수 있는 조그마한 센터도 마련되어 있었다. 나는 그 당시 미국에서 안식년을 하고 있었는데 남미 선교를 감당하던 목사님의 권면으로 중국선교를 감당하던 한 선교사 가정과 함께 산토도밍고를 방문했다. 마침 중국에서 사역하던 선교사 가정도 안식년을 지내고 있었기에 우리는 함께 산토도밍고를 방문하는 축복을 누리게 된 것이다.

우리는 공항에서 회관으로 곧바로 도착했는데 마침 정규 성경공부 모임이 있었다. 학생들이 한 사람 한 사람 모여 들더니 약 20여명쯤 모여 모임을 진행하였다. 그런데 모임 중앙에 나이가 들어 보이는 여자 한 분이 앉아 있었다. 전혀 정보가 없었던 터라 '웬 아줌마?'라고 속으로 생각하면서 조금은 의아해 하며 모임에 참여하였다. 그리고 조금 시간이 지나자 또 다른 나이가 좀 들어 보이는 한 여성이 숨차게 계단을 올라왔다. 그분은 내 앞으로 와서 악수를 청하였다.
"올라! 반갑습니다. 나는 Iris입니다."

나중에 들어보니 악수를 청한 분은 의사이지만 병원에서 파트타임으로 일하면서 캠퍼스 역사를 섬기는 분이었다. 그녀는 자녀가 3명이지만 영혼들을 돕고 말씀을 증거 하는 일에 헌신하고 있는 귀한 일꾼이었다. 남편도 잡지사의 편집인이지만 차로 학생들을 실어 오고 데려다 주는 일을 하면서 아내의 버거운 사역을 함께 도우며 하나님 나라를 위해 헌신하는 멋진 가정이었다. 바라보고만 있어도 감동 그 자체였다.

모임 중앙에 앉아있던 분도 궁금했다. 그녀는 변호사이지만 9개월 전부터 캠퍼스 복음역사에 뜻을 같이하여 동역하는 Miguelina였다. 후에 미겔리나는 도미니카의 역사의 바톤을 이어받아 간사로 섬기고 있다. 물론 한국을 방문하여 교제의 깊이를 더하기도 하였다. 그녀는 변호사로서 여유가 있었다. 우리를 멋진 자기 집으로 초대하여 현지인 음식을 준비하여 맛보게 하였고, 식사 후에는 여러 이벤트를 준비하여 둘러앉아 즐거운 시간을 가졌던 기억도 난다. 물론 학생들에게 자기 집을 오픈하여 식사를 초대하고 놀이공간을 제공하기도 했다. 자기의 지위와 풍요로움을 복음 역사를 위해 자발적으로 드리는 아름다운 모습이었다. 짧은 기간이었지만 지성인 아줌마들의 활약상을 보았다. 그 후 한국에서 행사가 있을 때 초대를 두 번 했었는데 같이 방문한 Mirla도 대단한 분이다. 그녀는 직장생활을 하면서도 하나님 역사의 동역자로서 충성스럽게 헌신하는 일꾼이다. 그녀의 거침없는 언어와 별처럼 반짝이는 간증은 많은 사람들을 감동케 했다. 그들은 언어가 다르고 모양이 달라도 한 가족처럼 친밀하고 친근함을 가지게 하였다.

　우리가 방문할 당시 의사를 통해서 개척해서인지, 동역하던 분들도 의사와 약학과 학생 등 의료계에 종사하고 종사할 분들이 많았다. 약학과를 다니던 자매는 밝은 미소로 조용히 후배들을 섬겼고, 인턴이었던 의사는 바쁜 중에도 시간을 내어 센터를 찾아와 교제하는 기쁨을 나누었다.

산토도밍고의 복음역사는 '나이 든 아줌마들의 섬김'이 크다는 것을 알게 하였고, 그들의 헌신의 터 위에 캠퍼스 복음역사의 기초를 놓아가는 모습을 보게 되었다. 나이가 많든 적든, 아이들이 많든 적든 관계없이 복음의 열정과 사랑을 가지고 섬기는 자들이 있는 곳에는 생명이 꿈틀대는 일들이 진행된다. 어느 나라든지 마찬가지이다. 도미니카공화국의 젊은 영혼들이 구원받아 그들을 통하여 '성서 도미니카'를 이루는 일꾼이 되길 소망한다.

패션Fashion쇼

:

마침 우리가 방문한 기간은 회관 마련과 관련하여 전도 이벤트event를 준비하고 있었던 때였다. 그런데 참으로 놀라운 발상을 보게 되었다. 국립대학의 최신식 강당을 빌려 '패션쇼'를 준비하면서 티켓을 팔고 있었다. 이벤트가 너무 특이하고 생각지 않은 독특한 방법이어서 생생하게 기억이 난다. 캠퍼스에서 '패션쇼'를 겸하여 복음을 제시하는 시간을 가진다면 어떻게 생각하겠는가? 변호사의 동생이 의상 디자인을 하는데 그 자매를 통하여 아이디어를 얻어 이벤트를 생각한 것이다. 어쩐지 패션쇼와 복음은 거리가 먼 것 같은 편견이 나에게는 있다. 그러나 이것은 기우일 뿐이었다. 시작하는 당일,

강당은 사람들로 북적댔다. 물론 준비하느라 바쁘기도 했지만 큰 홀이 가득찼던 기억이 난다.

　이벤트는 오후 6시가 되자 화려한 막이 오르고 시작되었다. 상당수의 학생들이 참여하여 깃발을 흔들며 현란하게 '패션쇼'가 진행되었다. 여기저기 환호소리가 들렸다. 그들의 의상은 어떠했는지 기억나지 않는다. 또한 '패션쇼'가 막을 내리자 현지 간사가 단 위에 서서 모임 소개를 하고, 이어서 메시지가 선포되었다. 또한 라틴 음악의 후예답게 찬양 시간은 이리 저리 온 무대를 휘젓고 다니면서 열정적으로 불렀다. 도미니카의 복음운동에 헌신하는 학생 수는 얼마 되지 않지만 그들의 신선한 발상과 헌신과 준비에 놀라움과 감동이 되었다. 어느 곳에서나 모임 초창기에는 머물 센터와 필요를 위해 수고하는 모습들을 찾아볼 수 있으나 '패션쇼'를 시도해 보는 것은 처음 접해보는 이벤트였다. 지역이 남미여서 가능한 것일까? 스스로 자립하고자, 전도하고자 준비한 이벤트의 정신은 참으로 아름답고 마음을 흐뭇하게 하였다. 어쩌면 신선하고 충격적이었다는 표현이 맞을 것이다. 이벤트에 참석한 학생들은 무엇이라 했을까? 패션쇼를 가장한 술수라고 하지 않았을까? 나는 내심 걱정이 되기도 했지만 과연 한국에서 '우리'라면 이러한 방법을 선택할 수 있었을까? 자문해 보는 시간이기도 했다.

도미니카공화국의 종교는 90% 이상이 가톨릭이고 개신교인들은 소수에 속한다고 한다. 그런데 공공연하게 최고의 국립 대학교에서 전도 집회를 가지는 모습은 동양 사람으로서 한계를 뛰어넘는 이벤트였다. 오랜 기간 캠퍼스 전도 노하우를 터득했다고 자부했는데 정말 '패션쇼'는 생각해 보지 못한 프로그램이었다. 나는 기발한 아이디어에 박수를 마음껏 보냈다.

　　오늘날 한국에서도 캠퍼스 전도가 어렵다 하지만 이러한 창조적 방법을 낸다면 못할 것이 무엇이겠는가? 단지 시대를 탓하면서 한숨 쉬기보다는 창조적 방법을 찾아본다면 어떨까? 비난 받지 않으면서 전통적인 방법으로 복음역사를 이루는 것이 어렵다고들 하는데, 언제나 창조적인 소수의 리더들이 시대를 이끌어 가기 마련이다. '패션쇼'가 어떠한 결과를 가져왔는지 평가하기 전에 그 열정과 창조성에 감동되었다. 또한 이리 저리 무대를 휘젓고 다니면서 열정적으로 찬양하는 모습에도 감동되었다. 이러한 열정은 아주 낯선 땅 중남미에서 경험한 독특한 문화의 모습이었다. 그들의 가진 은사와 성격대로 복음역사에 헌신하는 아름다운 삶을 보여주어 행복한 시간이었다.

　　모임에 참석하는 그곳의 학생들은 신앙이 아직 어려서 스스로 성경공부를 하고 교제하는 모습들은 찾아보기 힘들었다. 그렇지만 회관에 와서 서성거리는 모습이 귀하게 보였다. 이것이 학생복음운동의 시발점이기 때문이다. 나는 학생들이 센터에서 소일거리를 위해 할 수 있는 것은 무엇일까? 생각하다 컴퓨터를 선물하고자 했다. 그 당시 한국에서도 컴퓨터는 귀한 물건이지만 그곳 도미니카에서는 더욱 귀한 것이었다. 한국에 계신 분이 선교지를 위해 후원한 물질이 있었기에 기쁨으로 컴퓨터를 기증하고 올 수 있었다. 또한 물질적으로도 상당히 많은 지원을 하고 돌아왔다. 그들은 한국에서 누군가의 헌신으로 후원한 컴퓨터에서 작업을 하면서 주님의 은혜를 기억하며 감사하고 즐거워했을 것이다. 선교란 때로는 현장을 찾아가서 격려하는 사람도 필요하지만 은밀하게 물질적으로 섬기는 사람도 필요하다. 모두 합력하여 하나님 나라를 이루어가기 때문이다.

우리가 돌아올 때 그들은 한국에서 헌신된 일꾼이 와서 함께 해주기를 기대했다. 센터에 방과 침대가 있으니 누구라도 열정이 있다면 생활비만 모금하면 가능했기 때문이다. 스페인어도 배우면서 복음역사를 섬길 용감한 일꾼을 찾았다. 나는 한국에 돌아온 뒤 도미니카에 보낼 사람을 찾았으나 언어의 장벽을 감수하면서 홀로서기를 하며 영향력을 미칠 만한 추천자를 발견하기가 쉽지 않았다. 그래서 생각만 나누고 실제로 열매를 남기지는 못해 아쉽다. 준비가 되어 있어야 쓰임 받을 수 있는 기회가 많다. 언어와 부족함은 문제가 안 된다. 배우고 노력하면 되기 때문이다. 믿음의 배짱이 있어야 자신을 지키며 선교에 쓰임 받을 수 있다. 특히 개척지는 더욱 그러하다. 많은 사람들이 스스로 헌신하여 나아가지만 자기 자신을 지키지 못하고 넘어지는 경우를 너무 많이 보기 때문이다. 주를 위하여 실족치 않는 자가 복이다.

도미니카공화국과는 인연이 있는 곳인가 보다. 훗날 환경공학을 전공한 조카의 딸이 'KOICA 해외국제협력단'에 지원하여 도미니카에서 2년을 거주하였다. 조카의 딸은 그곳에서 물 부족으로 고충당하는 사람들에게 저수지를 설치하여 도움을 주고 한국의 위상을 보여주기도 했다.

도미니카공화국은 짧게 방문한 곳이지만 많은 추억이 담긴 곳이다. 무엇보다 그 나라의 특성을 안고 캠퍼스 복음운동을 하던 그들의 열정을 기억하면 나 홀로 뿌듯한 감정에 사로잡혀 감사가 넘치게 된다. 지금도 하나님은 일하고 계신다. 그러기에 나는 기도한다.

"하나님의 나라는 사람이 씨를 땅에 뿌림과 같으니 저가 밤낮 자고 깨고 하는 중에 씨가 나서 자라되 그 어떻게 된 것을 알지 못하느니라"

(막 4:26,27)

강남 스타일

✚　　　　　　　"오빠 강남 스타일~" 가수 싸이의 노래가 관심 없는 나의 귀에도 자주 들려왔다. 지난주엔 중국 항주 공항에서 시내로 들어가려고 택시를 탔었다. 얼마쯤 가는데 라디오에서 익숙한 멜로디가 들렸다. "강남 스타일"이었다. 택시 기사는 손짓을 하면서 한국인이라고 지적하였다. 얼마나 유명해졌는지 공개 한 달 만에 30여 개국 아이튠즈 차트에서 1위를 기록하고, 지금은 빌보드 챠드 1위를 바라보고 있다. 수퍼 월드 스타가 등극한 것이다. 세계가 열광하고 많은 국민들이 열광을 하고 있다.

　학생복음운동가인 필자는 오래 전부터 "강남 스타일"을 몸으로 느껴왔다. 이젠 보편화된 감이 있지만 얼마 전까지만 해도 모임에 자기가 마실 커피 딱 한 잔만을 들고 참석하여 혼자서 커피를 마시는 모습을 보면 마음이 불편했다. 그 학생은 다름 아닌 강남에 살고 있던 학생이었다. 모든 것을 서로 나누는 크리스천 공동체에서 조금은 이질적으로 보였지만, 달리 생각해보면 그들의 생활양식은 개인주의적 성향에 익숙한 자연스러운 자기들만의 문화이다. 이상하게 바라보는 시각이 그들의 눈에는 생소하게 보여 질 뿐이었을 것이다. 한 모임에서조차 서로 다른 문화적 차이를 인정하고 가야만 함께 할 수 있는 사회라는 것을 알게 하였다. '본질'적인 것이 아닌 이상 '다름'이라는 것이 다양한 것이지, 틀린 것은 아니어서 많은 것을 생각하게 하였다.

그렇다면 '크리스천 스타일'은 어떤 것이고, '학생운동 스타일'은 어떤 것일까? 중국의 한 모임에서 있었던 사건이다. 이웃에 사는 할머니가 식사 때마다 자주 놀러 오셨다. 만날 때마다 찬양을 하고 다니셨다. 그 노래 가사를 물어보니 "천국은 아름다운 곳이라네… 불신은 지옥이라네"라는 내용이라고 했다. 또한 떠나올 때 묵었던 집주인이 웃으며 인사를 하는데 내용인즉 "천국에서 만나자"였다. 초대교회 성도들처럼 너무나 복음적이고 종말론적인 신앙이 분명한 예수 믿는 스타일이다. 이러한 주제는 한국의 기독교 초창기인 일제강점기 시대에 별처럼 신앙의 삶을 산 최권능봉석: 1869~1944 목사님께서 매일 새벽 4시 평양 성내를 한 바퀴 돌면서 큰소리로 외치던 전도 방식이었다. "예수 천당, 불신 지옥" 오늘날 이러한 노골적인 전도 행위는 말만 들어도 짜증나게 하고 분노하게 한다고 대부분 말한다. 예수 잘 믿는 스타일은 어떤 모습일까?

오래전에 감동적으로 읽었던 기독교의 고전『예수라면 어떻게 할 것인가?』생각난다. 저자, 찰스 쉘던_{Charles Monroe Sheldon, 1857~1946}은 어느
날 산업화로 일자리를 잃고 교회를 찾아온 사람이 '설교를 듣고 예
수님을 따른다는 것이 무엇인지' 반문했다. 그리고 그분은 사흘 되
던 날, 심장병으로 죽게 되자 이를 계기로 예수를 따른다는 것이 무
엇인지 고민하게 된다. 그는 교인들에게 1년간 예수의 삶을 모방하
는 삶을 살자고 제안하게 된다. 교인들이 이 제안에 진지하게 호응
하면서 크고 작은 변화가 일어나기 시작했다. '예수님이 정치인이라
면?' '예수님이 신문사나 잡지사의 사장이라면?' '예수님이 부자라
면?'

　당시 기독교 문명권에서 많은 사람들이 명목상 크리스천이라 칭
하면서 아무런 변화 없이 살고 있었기 때문에 이런 식의 삶은 큰 도
전이 되었다.

　"나의 입장에서 예수님이라면 어떻게 하실까?"를 묻고, 그 대답
대로 살게 된다면 예수님을 따르는 자로서 영향력 있는 제자가 될
것이라 확신한다. 최소한 이러한 입장을 취한다면 자기 자랑과 자기
욕심에 집착하여 출세와 돈벌이로 은밀히 부정한 방법은 행하지 않
을 것이라 믿는다.

　강남 스타일 가사 중 일부는 이렇다.
　"… 커피 한잔의 여유를 아는 품격 있는 여자 … 커피 식기도 전
에 원 샷 때리는 사나이… " 정말 내용을 따지면 '이러한 것이 어떻

게?' 의아하게 들리지만 이 시대의 흐름에 따라 단순한 멜로디와 적절한 리듬감, 신나는 춤곡으로 누구나 쉽게 즐길 수 있기에 스타덤에 올랐을 것이다. 한 해를 마무리하는 시점이다. 당신의 예수 믿는 스타일은 어떻게 평가할 수 있을까?

한국의 4년제 대학생 천명을 대상으로 무작위 추출방법에 의하여 글로벌 리서치에서 조사한 결과 17.2%가 그리스도인이라는 통계가 나왔다. 그 중에서 일주일간 성경을 읽지 않는다는 비율은 44.8%이다. 기도하지 않는 비율도 16.5% 라고 한다. 당신이 유튜브와 아이튠즈를 석권하지는 못해도 가까이 있는 사람들에게 그리스도인으로서 영향력을 얼마나 미쳤는지 평가해보라. 우리의 삶을 반성하고 새로와지길 바란다.

칼럼 ────────

"빨리빨리" ppalli ppalli 와 "만만디" manmandi

✛　　　　한국인의 라이프스타일 특징을 표현한다면 "빨리
빨리"라고 말할 수 있을 것이다. 오래 전에 이스라엘을 여행한 적
이 있다. 외국인 관광 가이드는 우리가 버스를 타고자 하면 한국어
로 "빨리 빨리" 라고 말한다. 이처럼 굳이 설명하지 않아도 "빨리 빨
리" ppalli ppalli 는 사전에 등록될 정도로 한국인의 특징을 말해주는 보
편화된 말이 되었다. 한국인들은 '빠른 것을 중요시 한다'는 인상을
외국인들까지 안다. 무슨 일이든 신속하게 계획하고 해결하고자 한
다. 매사를 처리함에 있어서 "빨리 빨리" 라는 말을 자주 사용한다.
"빨리 걸어라" "빨리 시작하자" "빨리 오라" "빨리 옮겨라" 등 정말
급해서라기보다는 우리의 생활 속에 밴 습관이다. 전 축구 국가대표
감독 히딩크도 우리나라에 와서 가장 먼저 배운 단어 중 하나가 "빨
리 빨리"였다고 한다. "빨리 빨리"는 우리나라를 대표하는 말이 되
었다. "빨리 빨리"의 문화가 나쁘다고 말하지는 않는다. 한국인의
"빨리 빨리"의 기질이 초고속 인터넷 보급률 1위가 되게 하였고, 정
보통신문화에서 단연 선진국이 되게 하였다. 조금이라도 반응이 느
리면 울화통을 터뜨릴 정도로 급하다.

그런데 또한 이 단어 속에는 무언가 부정적 느낌도 있음을 부인할 수가 없다. 빨리 빨리해야 하기에 차선도 지키지 않아 교통사고도 세계적 수준이고, 경쟁 사회에서 빨리 빨리 출세해야 하기 때문에 자라나는 젊은 세대들의 인격형성에도 이기적이 되어 남을 배려하거나 봉사정신을 찾아 볼 수가 없다. 더 나아가 정의감도 찾아 볼 수가 없다. 경제도 빨리 빨리 성장해야 하기 때문에 원리 원칙을 찾아보기 힘들고, 눈가림식으로 많은 돈만 벌려다가 비리가 들어나 망신살이 뻗치는 경우가 허다하다.

반면 중국인의 민족성으로 대표되는 말은 "만만디"_{manmandi, 慢慢地}이다. 느긋하게 행동하는 것으로 일의 진척이 느림을 말한다. 물론 요사이 중국인들의 모습도 변화한 것이 사실이지만 기질적으로 느리게 반응한다. 찻길을 무단으로 횡단해도 뛰는 법이 없다. 그저 쳐다 보면서 천천히 건너가는 모습들이 이를 말해 준다. 공공기관에서 일하는 중국인들의 태도는 급하게 부탁해도 "세월아 네월아" 하듯이 움직인다. 한국인들은 느리게 행동하는 사람들의 특성에 대해 부정적 견해를 반영한 단어들을 사용한다. "굼뜨다" "미련 곰탱이" "답답하다" 등의 표현을 사용하지만 빠르게 행동하는 사람들에 대해서는 "시원시원하다" "빠릿빠릿하다" 등 긍정적인 어감을 표현한다. 한국인의 속담에도 "쇠뿔도 단숨에 빼렸다."라는 말이 있다. 어떠한 일을 하든 지 가능한 한 빠른 시간 내에 해결하는 것이 좋다는 의미이다.

세계에서 장사를 잘 하는 민족을 꼽으라면 유대인과 중국인을 이야기한다. 중국인들의 사려 깊은 태도와 여유를 한국인들의 급한 성격으로 이겨 내질 못한다. 협상 테이블에서 먼저 일어나는 사람들이 한국인이다. 우리는 이러한 한국의 빠름의 문화 속에서 또한 전 세계적으로 패러다임의 변화가 빠르게 일어나는 현대사회에서 우리가 최고의 목표로 추구하는 '제자도'discipleship를 어떻게 실천하는 것이 좋은 것일까? 생각해 본다.

대형교회를 담임하는 목사님의 이야기를 들었다. "젊은이들을 위하여 현대식으로 예배당을 꾸며 보기도 하고, 음향 시스템과 영상을 대형 화면으로 수정도 하고 보완하여 투자도 해보고, 새로운 방식으로 예배를 도입해 보았음에도 불구하고 젊은이들은 교회에 관심이 별로 없다."는 것이다. 즉 젊은이들이 교회에 오지 않는다는 것이다. 이것이 오늘날의 문제이다. 교회를 다니지만 진정으로 예수님을 따르는 제자를 찾아보기 힘들다는 것이 공통적인 이야기이다. 자신을 그리스도에게 헌신하고 그의 가르침을 따라 삶을 살며 그리스도의 사랑과 진리를 다른 사람들에게 나누어 주고자 하는 사람이 희귀한 것은 사실이다. 교회를 비판하고 반대하며 연약한 점을 이야기 하는 사람들은 많지만 헌신적으로 십자가를 지는 자는 적다. 이 세대의 그리스도인들이 방향 감각을 잃은 모습이라고 본다.

제자 양육의 목표는 수학적 공식으로 표현하면 이렇다. '변화된 한 사람이 일 년에 한 사람을 제자로 양육한다면 그 사람이 또 다른 사람을 양육하여 세계가 복음화 하는데 약 32년이 소요된다.' 그러나 제자 양육은 뒷전에 두고 "빨리 빨리" 거대한 모임을 이루고자 프로그램에 의존하거나 카리스마적인 은사 운동으로 성장을 꾀한다면, 어느 정도 목표를 이룰 수 있지만 포스트모더니즘의 전환기를 살고 있는 젊은이들에게는 혼란스럽고 더욱 방황하도록 만든다. 변화하는 세계관에 별 도움이 되지 않는다.

우리는 "빨리 빨리" 성장하고자 하는 성급한 마음을 버리고 "만만디"처럼 더디게 보이고 어리석어 보일지라도 제자를 양육해 보는 것이 어떨까? 물량주의에 편승하여 방향을 잠깐 잃었다 해도 다시 이 길만이 우리가 살길이라고 확신한다. 크게 화려하지 않아 보여도 우리가 주력해야 할 방향이 분명하다. 하나님께서 "빨리 빨리" 성장하고자 성급한 마음을 가진 우리에게 오랫동안 기다림으로 열매를 맺는 "만만디"의 길로 제자양성에 혼신을 다해 보길 소망한다.

4

민주화 운동과
신학교육

한국의 근대화는 민주화 운동을 이루어 가기 위한 투쟁의 역사라 이야기 하고 싶다. 학생복음운동도 시대의 흐름에 민감하게 반응하기에 일선에서 활동하는 자들에게는 민주화 운동의 시기가 죽음을 맛보는 시간이었다. 당시 우리 단체는 복음주의 노선을 따르고 있었지만 사회참여에 대하여는 보수적인 시각을 가지고 있었다. '간사회' 내부에서도 시각차가 있었다. 전체 수양회 때, 간사들의 시각차가 학생들에게 고스란히 전달되어 수양회를 마치고 나면 그 휴유증이 심각했었다.

1980년대

:

70년대 내가 대학에 다닐 때도 연례행사처럼 군사독재정권에 대항한 봄 학기와 가을 학기 데모로 휴강이 많았다. 80년대에 광주민주화운동을 무력으로 진압하고 장기집권을 계획하던 전두환 정권은 1986년 절정기에 연일 최루탄 가스로 캠퍼스는 몸살을 앓았다. 영화 〈1987년〉이 말해주듯이 남영동 대공분실에서 경찰조사를 받던 스물두 살 대학생 박종철 군이 고문으로 사망하자, 이 사건을 은폐하기 위한 거짓 조작이 검사와 기자, 교도관들의 진실로 세상에 밝혀지게 되고, 그 후 이한열 학생이 최루탄에 맞아 사망함으로 6월 항쟁은 걷잡을 수 없이 번졌다. 이로 인해 국민들의 직선제 개헌요구가 받아들여지게 되었다. 이 시기는 질풍노도처럼 "정권타도"가 가장 큰 이슈였다.

순수복음운동을 하던 우리에게도 시련은 오게 되었다. 리더들이 이러한 시대문제 앞에서 고민이 깊어지고, 사회참여 문제로 은밀히 토론이 진행되었다. 우리의 방향과는 달리 당시 이데올로기의 영향에 따라 모든 권위를 부정하고 간사들의 가르침에 불만을 제기하기 시작했다. 특히 밤 시간에 회관은 토론의 장이 되었다. 리더모임을 가지고자 하면 인상을 쓰고 분위기는 썰렁했다.

"성경공부하고 기도만 하면 이 모든 문제가 해결됩니까?"

나는 이들에게 복음적인 해답을 주고자 하였다.

"신앙 양심에 따르지만 우리는 기도로 동참하고 전도에 힘쓰기를 바랍니다."

이러한 권면은 그들에게 받아들여지지 않았다. 어느 날인가는 계단을 올라가는데 학생이 외치는 소리가 들렸다.

"모두 시청으로 갑시다!"

정말 어려운 시절이었다. 아침에 부르짖으며 기도해도 현실은 암담하고 힘든 인내의 시간이 필요한 때였다. 당시 한 리더는 31페이지의 긴 장문의 편지를 쓰고 잠적해 버리기도 했다. 그로 인하여 리더들은 더욱 위축되고 갈등이 심화되기도 했다. 시대와 맞물린 문제는 나 혼자 감당하기에는 한계적이고 역부족이었다.

때로는 학교에서 성경공부를 하고 있는데 데모하다 쫓긴 한 형제가 갑자기 성경공부 모임에 들어와 앉아서 참석하는 척 하면서 위기를 모면하는 모습도 경험했다. 우리는 온 몸으로 최루탄 냄새를 맡으며 성경공부를 하고 초조하게 눈치 보며 앉아있는 형제를 보호해 주어야했다. 때로는 데모하다가 붙잡혀 보호소에 입소했다가 풀려나는 형제를 맞이하기 위해 찾아가기도 했다.

이렇게 힘든 상황이지만 우리의 전도운동은 모든 것보다 우선되어야 한다는 생각에는 변함이 없었고, 사회구조적인 여러 문제도 심각하여 대립각을 세우고 있지만 그래도 우리에게는 전도운동에 우선권을 가지고 묵묵하게 중심을 지키는 학생들 몇몇이 있었기에 학생복음운동의 명맥을 이어갈 수 있었다. 하나님께서는 이러한 인내를 귀하게 보셨는지 그 이듬해에는 많은 학생들을 보내주시고 세워주셔서 제자를 양성하는 큰 위로함을 받기도 했다. "눈물을 흘리며 씨를 뿌리는 자는 기쁨으로 단을 거두게 되리라"(시 126:5)는 말씀이 생각난다.

우리가 겪고 있던 문제는 기독교역사를 살펴볼지라도 오랫동안 토론되어온 심각한 문제이기도 하다. 복음전도운동이 먼저인가? 사회운동이 먼저인가?

그로인하여 1974년 스위스 로잔에서 "세계복음화국제대회"가 열렸었다. 개신교 보수주의인 성향의 기독교대회였다. 그 대회가 열린 장소의 이름을 따서 로잔회의Lausanne Congress라 불렀다. 이 주제는 보수측에서는 인류의 3분의 2가 넘는 인구가 아직 복음화 되지 못한 심각한 상황이어서 복음화의 사명에 우선되어야 한다는 입장과 진보적 시각에서는 수많은 사람들이 빈곤 속에 있는 현실에 충격을 느끼며 불의에 분노하면서 사회참여를 주장했는데 결론은 복음전도와 사회참여는 서로 상반되는 것이 아니라 동일하게 참여해야함을 역설했다. 실상은 보수적인 시각에 있던 자들이 사회참여에 소홀함을 인정하고 비판을 수용하므로 서로 아름다운 협력의 관계로 나아가고자 함이었다.

복음전도와 사회참여가 상반된 것은 아니다. 그렇지만 복음역사를 감당하는 현장에서 대치가 일어나면 쉽지 않다. 모두가 절박한 상황으로 여기고 과격하게 주장하기에 문제가 되기 때문이다. 분명 정치적 해방이 구원을 가져다주는 것은 아니다. 그렇다면 신약의 예수님께서 로마로부터 이스라엘을 해방하고자 노력했을 것이다. 제자들도 부활 후 이러한 정치적 문제를 궁금해 하면서 "이스라엘 나라를 회복하심이 이때입니까?" 여쭈었을 때 예수님은 "때와 시기는 아버지의 권한에 두셨으니 너희가 알바 아니라"고 말씀하셨다. 복음전도와 사회 정치적 참여는 우리 그리스도인의 의무의 두 부분이어야만 한다. 그러나 당시 캠퍼스 복음전도운동도 어려운데 정치적 문제에만 관심을 가지는 리더들을 넓은 마음으로 포용하기 어려웠고, 안목도 부족하여 마음고생이 많았던 시기였음을 부인할 수가 없다. 지나놓고 보니 사회문제는 그 시대상황에 따른 것이고 그 시대문제가 지나가면 조용해지는 법인데 말이다.

오늘날 1980년대와 같은 운동권의 모습은 어디에서도 찾아볼 수 없다. 학생들은 너무나 열심히 학업에 열중하며 오히려 시대문제에 관심을 좀 가졌으면 하는 생각이 들 때도 있다. 개인의 성공에 집중되고 세속적인 문화가 심각하게 대두되어 사회 정치적 문제가 아니라 이제는 이 땅에 세속적 문화와 한판 싸움을 벌여야할 때인 것 같다.

신학교에 들어가다

:

    간사생활의 위기는 또 한편으로는 기회였다. 시대의 흐름에 고전하며 한계를 느끼고 스스로 지쳐 이제는 '간사생활을 접을 때'라고 생각할 즈음, 신학을 공부하도록 기회가 주어졌다. 어느 사이 간사 10년 차이기도 했다. 신학을 공부하면서 나는 숨고르기를 할 수 있었다. 나의 고민에 대한 해답을 찾기도 했다. 육체적으로는 많은 수업과 과제로 피곤했지만 배움과 새로운 친구들과의 만남이 쉼표를 가져다주어 재미있게 공부할 수 있었다. 다시금 시대 상황에 굴하지 않고 나아갈 힘도 생기에 되었다. 특히 영국의 청교도 운동을 연구하면서 내가 지금껏 신앙생활을 하고 있는 노선에 대한 재발견이 되었으며, 나의 나아가야할 방향도 제시받는 시간이었다.

    영국의 청교도 운동은 절대적인 성경의 권위 아래 정치, 경제, 사회, 문화 등 전반에 걸쳐 말씀대로 실천하고자 하는 개혁운동이었다. 이 개혁운동의 중심에는 캠브리지 대학과 옥스퍼드 대학의 교수와 지성인들이 있었다. 17세기 당시에 캠브리지 대학은 '청교도 양성기관'과도 같이 많은 영적 지도자들을 배출하였다. 물론 옥스퍼드도 그러했다. 그들은 성경중심적인 교육을 받고 가치관을 확립한 뒤, 지도자들을 양성하여 이러한 운동을 확산시킴으로 청교도 개혁 운동이 전개된 것이다. 교파운동이 아니라 말씀을 사랑한 무리들이 자연발생적으로 생겨 조직이 없이 조직을 형성하게 되었다. 이 운동은 제도권에 있는 국교도들에 의하여 핍박을 받아서 영국에서는 빛을 보지 못하였다. 마침내 위험을 무릅쓰고 신앙의 자유를 위해 신대륙으로 건너간 미국에서 청교도 정신은 활짝 꽃피게 되었다.

청교도 운동은 우리의 복음운동과도 흡사했다. 목표도 비슷하고 활동 양상도 비슷했다. 선교단체는 정통교회도 아니면서 제도권 밖에서 하는 특수 사역인 만큼 인정도 받지 못하고 외롭고 힘든 수고를 감당하고 있었다. 언젠가 나의 미래를 염려하던 목사님이 충고를 해주었다.

"왜 그렇게 힘들게 전도합니까?"

"교회에는 가만히 있어도 사람들이 오니까 그들을 제자교육하면 되니 간사는 그만하세요"

요즈음 시대는 이러한 말도 통하지 않는 시대이지만, 당시 그분의 권면은 힘들게 선교단체에서 일하지 말고 교회 안으로 들어오라는 것이었다. 사람들이 제도권에 들어가면 안정된다는 것이 무엇인지 대변해 주는 말이었다.

안락하게 안전하게 신앙 생활하는 것이 우리의 목표가 아니었다.

우리는 힘들고 어려워도 생명을 살리는 일에 최선의 노력을 하고자한다. 특히 전략적으로 지성인들을 공략하여 시대의 변화를 가져오고자 한다. 구조의 변화도 사람들을 통하여 이루어지기 때문이다.

우리는 우리의 모델을 김교신1901-45 선생님에게서 찾았다. 그의 주장은 "성서를 조선 위에 조선을 성서 위에" 세우고자 하였다. 일제 강점기에 베를린 올림픽 마라톤 국가대표로 우승하였던 손기정 선수는 "바라보고만 있어도, 생각만 해도 저절로 배워지는 분"이라고 스승을 회고하였다. 이 땅에 캠퍼스의 변화를 통하여 "성서한국"을 이루고, 예수님의 지상명령인 땅 끝까지 "세계선교"를 감당하고자 하는 목표가 절대적 사명이었다. 이 일에 우리는 어떠한 희생과 대가를 지불할 각오를 가지고 있었다.

신학교에서 청교도 신학에 대한 연구는 나를 더욱 우리의 근본이념에 충실하도록 권고하였다.

신학교 기간은 대학시절부터 성경공부를 통하여 형성된 나의 사상들이 재점검 받고 비전을 따라 살도록 박차를 가하는 기회가 되었다. 가장 고민이 되었던 선교단체의 뿌리를 역사적으로 청교도 신학에서 발견하면서 단체의 외형적 성장 보다는 본질에 충실하자는 생각을 하게 되었고, 그와 맞물려 고민을 주던 교회관도 해결되었다. 하나님께서 지역교회를 세우시고 지역주민들에게 영혼구원의 사명을 감당하는 일에 최선을 다하도록 하셨다. 지역교회는 연령이나 교육차가 없이 모든 사람을 대상으로 한다. 선교단체는 제한된 연령층을 대상으로 전문적으로 대학생 전도에 수고하는 구령운동이다. 이 둘은 상호보완적 역할을 하여 아름다운 교회를 이루어야 하는 시대적 과제가 있다. 그런데 한국교회와 선교단체는 성숙하지 못하여 서로간의 어려움이 많은 것이 현실이다. 교회에서는 선교단체에 가면 일꾼을 빼앗기는 것으로 인식하여 금지하는 경우가 있고, 선교단체는 우리가 평생 교회를 섬길 것인데 학생시절에는 공부를 하면서 캠퍼스 복음운동에 충성하여 훈련을 받도록 교육하는 경우가 많다. 심지어 어느 교회에서는 교회에서 말씀운동을 일으키고자 선교단체에서 배운 성경공부를 동료에게 가르치고자 하면 제재하는 경우가 발생하기도 했다. 교회와 선교단체 불협화음은 갈등으로 표출되어 고민스럽게 할 때도 많았다. 그리하여 아예 한 곳을 택하기도 한다.

이러한 미성숙한 선택은 지역교회와 협력을 어렵게 하고 양극화를 해결하기 어렵게 한다. 비판과 반목으로 좋은 모델을 세우지도 못하고 사회에 기여할 수도 없다. 서로 최선을 다하지만 아쉬움이 많은 부분이다. 물론 선교단체 간사들은 특성상 월요일부터 토요일까지 쉬지 않고 바삐 돌아가는 일상이다. 구조상 지역교회에 봉사하는 것이 쉽지 않다. 지금은 토요일이 공휴일이 되었지만 시간을 조율하기 어려워 간사 초반기에는 주일 오후에 리더공부를 오랫동안 진행했었다. 또한 주일 오후에도 거의 모임이 있었다.

'파라 처치'para-church면 어떠한가?'

'주께서 기뻐하시면 되는 것이지?'

'교회는 건물이 아니라 사람이잖아'

후반에 나도 나름대로 규칙을 정했다. 주일 오후엔 가능하면 쉬자. 봉사를 안 한다고 눈치를 줘도 형식적이고 의식적인 것에 휘둘리지 말고 본질에 충실하자. 바로 이러한 결심이 봉사하지 못하면서도 흔들리지 않고 그래도 지역교회를 다니면서 간사생활을 할 수 있었던 것 같다. 주일까지 교회의 덕을 세우기 위해 충성하는 간사는 대단하다. 물론 체력이 되고 역량이 되어 봉사하면 좋겠지만, 나는 처음에는 적극 참여했지만 시간이 지나면서 그렇게 헌신하지 못했다.

부흥과 사회정화

✚   오늘날 우리가 사는 시대가 너무 혼란스러워 정화
가 필요하다는 생각을 한다. 유영철이라는 살인범은 21명이나 되는
무고한 시민을 연쇄 살인하였고 그 중에는 결혼을 하루 앞둔 신부도
살해하였다고 고백하였다. 이것은 인간이기를 포기한 행동들이다.
이제 무서워서 혼자 산책하기도 두려운 때가 되었다. 그럼 어떻게
살맛나는 세상을 만들 수 있을까? 사회풍토문란 사범을 교육하기
위해 만들었던 삼청교육대와 같은 기관을 부활하여 운영하면 될까?
아니면 어떠한 방법으로 무너져 가는 이 사회를 바로 세울 수 있을
까? 혹시 시들해져 가는 운동권들의 활성화가 문제의 해답이 될 것
인가?

지난 과거의 역사를 한참 생각하다 해결책이 떠올랐다. 그것은
다름 아닌 부흥운동이다. 가장 가까이에 일어났던 18세기 요나단 에
드워드(1703-1758)의 부흥운동을 생각해 본다.
요나단 에드워드의 '이신칭의' 以信稱義 말씀은 부흥의 도화선이 되
어 1735년, 36년 미국 코네티컷 골짜기에 부흥을 이루었다. 그가 쓴

보고서에 의하면 "보통 때 같으면 일 년간 일해야 이룰 수 있는 정도의 사역이 단 하루 이틀 만에 완수되었다"고 한다. 또한 그들의 모습은 "마을 전체 남녀노소, 빈부귀천을 막론하고 종교의 위대한 일과 영원한 세계에 대한 관심이 커지게 되었고 어떤 모임에서도 종교적일 외에는 대화의 소재가 용납되지 않을 정도였다. 사람들의 마음이 신기할 정도로 세상으로부터 멀어지게 되었다고 한다. 또한 이전의 다툼과 중상, 방종한 행실을 즉각 버려 술집은 비게 되었고 사람들은 주로 집에 머물면서 성경을 읽고, 기도하고 묵상하고, 교회 예배에 열심히 참여하였다"고 진술하고 있다.

방문이나 사업차 외부에서 온 사람들조차도 얼마 있지 않아 구원의 은혜를 체험하고 기뻐하면서 집으로 돌아갔다 한다.(『놀라운 회심이야기』 양낙흥 역, 서울: 크리스챤다이제스트, 2002, pp. 46-59참조) 이것이 영적 각성으로 파급한 사회정화 운동임을 부인할 수 없다.

ESF는 캠퍼스의 젊은이들의 회심이 이 시대의 소망이라고 생각하고 이들에게 성경적인 가치관과 세계관을 심는데 주력하고 있다. 이들은 모두 훗날 지도적 위치에 설 지성인들이다. 현재 짧은 역사이지만 이곳에서 훈련받은 분들의 모습이 이를 증거하기도 한다. 대학시절 방탕하던 분이 회심하여 현재 모 교회 장로로서 거룩한 삶을 좇아 사는 모습을 보면 놀라움을 금치 못한다. 앞으로 이러한 일들이 수없이 일어날 것이다.

사회정화는 이처럼 한 사람의 변화에서 시작한다. 한 사람이 사회의 잘못된 구조도 바꿀 수 있다. 사회의 악영향도 끊을 수 있다. 악은 내면의 죄를 깨닫고 자백함으로 끊어지기 때문이다. 자신의 내면이 정화되면 행동도 선한 영향력을 미치기 마련이다.

우리는 이러한 영적 부흥을 목마르게 기다리고 있다. 부흥의 주도권이 하나님께 있기 때문이다. 제도의 개혁과 전쟁으로 사람에게 상처주고 피를 흘리며 사회의 정화를 이루기보다는 성령의 바람으로 아주 신속하게 깊게 진행되길 소망한다.

이 일을 위해 우리는 오늘도 성령께서 활동하시도록 환경을 만드는 일에 최선을 다하며 기도한다. 하나님께서 창조하실 때 "보시기에 좋았더라."는 세상이 되도록 믿는 크리스천들을 쓰시길 소망한다.

사회정화가 우리의 소망인 것처럼 하나님께서도 가장 원하시는 주제일 것이다. 정의가 강물처럼 흐르고, 너무 적게 가진 자나 너무 많이 가진 자들에게 부가 공평하게 배분되고 정의로운 상급과 징벌이 이루어지도록 말이다.

인문학이 그립다

✚   필자는 2013년 추석 기간에 러시아, 상트페테르부
르크St.Petersburg를 방문하였다. 온 도시가 유네스코에 등재되었을 정
도로 아름다운 도시의 모습에 반했지만 가장 큰 호감은 러시아 문학
의 대 거장들이 거했던 그곳에 나도 함께 한다는 것이 꿈 많던 소녀
시절의 문학소녀를 생각나게 하여 감상에 젖게 하며 풍요롭게 하였
다. 러시아인들의 정신적 지주처럼 사랑받는 시인 푸시킨의 동상과
공원을 거닐면서 그 옛날 되 뇌이곤 했던 시 한 구절도 읊어보았다.
"삶이 그대를 속일지라도 슬퍼하거나 노하지 말라…" 또한 이름도
기억하기 힘들 정도로 길고 까다로운 도스토엡스키, 톨스토이, 고골
등의 작품들, 철학과 종교와 사상의 담론을 말해주는 19세기 지식인
들과 묻고 대화를 하도록 만들어 주었다. 비잔틴 제국의 문화를 수
용하면서 만든 정교회 건축물의 화려함 앞에서는 모든 학문의 꽃이
라 할 수 있는 신학의 위대함을 발견하게 하였다.

대학을 다녔던 1970년대의 기억이 새롭다. 갓 대학에 들어와 입
학식에서 참여하였는데 기드온협회에서 나누어 준 파란색으로 된

성경이 눈에 들어왔다. 호기심으로 들추어보면서 언젠가는 읽어보리라 마음먹었던 적이 있었다. 1학년 수업은 인문학적인 소양을 갖추도록 배려되어 있었다. 교양과목이 주를 이루었고 특히 철학이라는 수업은 신선한 충격을 가져다주었을 뿐만 아니라 인생을 사고하도록 도움을 주었다.

반면 오늘날의 대학은 어떠한가? 졸업 이수학점이 줄어들고 전공에서 다루어야할 학문의 영역이 좁아져서인지 인문학은 더욱 설 곳이 멀어져간다. 뿐만 아니라 학생들 자체도 책을 읽으며 사고하기보다는 기계음과 익숙하고 멜로디와 친근한 이들을 보며 걱정 아닌 걱정을 하게 되는 것은 무엇일까?

서보명 교수의 책『대학의 몰락』에서 "인문학은 본래 인간에 대한 깊이 있는 이해를 목적으로 하고 인간의 문제를 총체적으로 다루는 것을 지향한다."고 정의한다. 무의식 이전의 인간, 욕망 이전의 인간이란 무엇인가? 인간이 짊어진 삶, 무엇을 하며 어떻게 살아야 하는가? 하는 문제를 고민하도록 한다. 그러나 오늘날 현대 과학은 인간을 분야별로 분석의 대상이 되게 하여 인문학이 하는 역할까지 다하고자 한다. 특히 유전자 공학을 통하여 존재의 신비로 남겨두었던 부분까지 낱낱이 파헤쳐지고 있는 상황에서 인문학의 피폐함은 인간을 정신적으로 빈곤하게 만드는 결과를 가져왔다. 다시 인문학의 가치를 재발견해야하는 시점이 아닌가 생각한다. 이것은 곧 대학의 개혁을 의미하는 것일 수도 있을 것이다.

  우리는 자본주의 체제 속에서 살고 있다. 자본주의 이념은 철저하게 물신주의의 이윤과 소비의 행위만을 추구한다. 대학의 학문과 제도조차 기업자본주의의 생산과 판매의 모델로 이해하는 것은 오래되었다. 이에 부응하지 못하는 대학은 몰락의 길을 걷고 있다. 대학들의 서열 순위에서 밀려난 대학에 다니는 학생들은 인간의 존엄성보다는 자존감의 상처를 가지고 살아간다. 학생들은 살아남기 위해 무한 경쟁이라는 삶을 무의식 가운데 습득하고 경쟁의 논리로 살아가고 있다. 경쟁에서 밀린 사람들은 하위계층의 삶을 살아갈 수밖에 없기 때문이다. 자기의 브랜드 가치를 만들기에 여념이 없는 상황에서 도덕과 윤리가 설 곳이 없음은 당연하다. 교육의 본래적 의미나 인간적 가치를 논하는 것은 비현실적인 것이 되어 버렸다. 이미 굳어 버린 이러한 대학의 현실을 누가 어떻게 돌이킬 수 있겠는가?

  대학의 제도 내에서 할 수 없는 일을 대학생 선교단체가 감당할 수 있다면 얼마나 가치 있는 일이겠는가?

5

동대문지구 역사 중건과
전국대표

나는 신학교를 졸업하면서 동대문지구를 도와달라는 부탁을 받게 되었다. 동대문지구는 동북부 지역 캠퍼스 영혼들을 섬기기 위해 세워진 센터였다. 서울에서 가장 오래된 역사를 지니고 있고, 한때는 다른 지구들을 물질적으로 섬기기도 했다고 한다. 또한 주위 캠퍼스도 종합대학이 10개는 족히 넘는 밭을 가지고 있다. 그런데 1990년대 역사는 황량하였다. 캠퍼스 복음역사는 집중하고 헌신하지 않으면 곧바로 위기에 처하게 된다. 한결같은 복음역사가 지속된다는 것은 피상적으로 생각하면 당연한 것이라는 생각이 들겠지만, 그 뒤에는 숨은 눈물과 헌신이 동반되어야만 한다.

남은 자, 한 사람

:

동대문 중건 역사를 시작하려고 사람들을 모아보니 두 세 사람 정도였다. 그것도 겨우 연락해야 나올까 말까 하는 정도였다. 그 중에는 마침 고려대를 합격하고서 군대를 다녀와 제대 후 복학하는 한 학생이 있었다. 나는 그 학생과 캠퍼스 복음역사를 시작하였다. 그 학생은 운동과 잡기에 능해서 학생들을 잘 데리고 왔다. 때로는 테니스를 치고 데리고 왔고, 어떤 날은 탁구를 치고 데리고 왔다. 또한 캠퍼스에서 오토바이를 타고 다녔는데 학생들에게 오토바이를 태워주고 데려오기도 하였다. 개척기엔 한 사람이 귀한데 그 형제의 활약으로 모임엔 활기가 있었다. 그런데 데리고 온 형제들이 복음에 관심이 있어서가 아니었기에 한계가 있었다.

마침 대학 후배가 교회 전도사로 활동하는데 "동대문이 다시 개척한다"는 소식을 듣고 성신여대 학생을 보내 주었다. 특히 소개받은 성신여대 여학생은 나이도 있고 성숙하여 말씀을 받고서 같은 과 학생들을 전도하기 시작하였다. 그래서 성신여대 법학과 학생들이 여러 명 같이하게 되었다. 한 불신자였던 학생이 기억난다. 그 여학생은 예수님을 영접하고서 집이 멀어 9시만 넘으면 시계를 자주 처다 보곤 했지만 언제나 충성스럽게 모임에 중심을 지키곤 하였다. 어느 날인가 그 학생은 모임에 참석하고 온 날이면 부정탄다고 어머니께서 자기에게 소금을 뿌린다고 고백하였다. 그런 고충 속에서도 열심히 성경을 공부하던 그 학생은 많은 이들에게 감동을 주었다.

덕성여대 여학생도 소개받았다. 그 여학생은 다양한 은사가 있어서 찬양과 율동도 인도하면서 덕성여대 친구들을 전도하여 데리고 오기도 하면서 성장하여 덕성여대 개척의 씨앗이 되었다. 현재는 미국에서 박사 학위를 마치고 좋은 직장에 취직하여 모범적이고도 행복한 평신도 생활을 하고 있다.

우리는 여러 에피소드를 남기면서 아름다운 공동체가 되어갔다. 그룹 성경공부는 두 세 개로 늘어나고, 둘러앉아 예배도 드리면서 가족처럼 친밀하게 캠퍼스 일꾼들이 세워져 갔다. 고려대, 성신여대, 덕성여대, 동덕여대 등 소개받은 사람들이 잘 성장하여 다른 친구들을 전도하여 데려옴으로 그룹들은 견고해져 갔다. 모두 한 사람으로 시작되었다. 더 나아가 캠퍼스에 헌신하는 간사들도 생겼다. 언젠가 새 학기 MT를 가는데 대형 버스 한 대에 학생들을 가득 싣고 떠나던 날은 너무도 감격스럽고 기쁨으로 가득 찼다.

이 모든 것이 남은 자, 한 사람의 헌신의 터 위에 있어진 것이다. 우리는 다수결의 원칙을 따르는 민주주의 사회에서 살고 있다. 많은 사람의 의견에 따라 옳고 그름의 가부를 결정한다. 그런데 이러한 원칙이 언제나 옳다고 할 수 없다. 오히려 성경에서 '예수님은 99마리 양을 남겨두고 한 마리의 양을 찾아 길을 나서는 모습이 참된 목자'임을 비유로 말씀해 주셨다. 소수가 중시 받는 것이 기독교 사상이다. 세상에서는 '숫자가 적다'는 것은 목소리를 반영할 수 없는 구조이다. 그렇지만 소수의 리더, 한 사람의 영향이 지대한 것은 쓰러져 가는 모임을 중건하게도 한다.

군 제대 후 고려대에 입학한 형제는 한양의 형제들과 언제나 함께 하였다. 비가 오나 눈이 오나 회관을 지키며 모임을 사랑하였다. 졸업 후에는 좋고 편한 직장에 입사했지만 퇴사하고 간사로 헌신하여 제자들을 세우며 하나님께 영광 돌리고 있다. 지금도 그는 남은 자로서 개척 캠퍼스를 돌보며 개척 목회를 하고 있다. 한 사람의 소중함을 알고 있기 때문이다. 훗날 다니엘서의 말씀대로 축복하실 것을 믿는다. "많은 사람을 옳은 데로 돌아오게 한 자는 별과 같이 영원토록 빛날 것이다"(12:3).

전무후무(?)한 여성대표

:

나는 2001년 우리 모임의 대표가 되었다. 물론 전임 총무가 있었기에 지구를 책임지고서 대표를 할 수 있었다. 당시에는 한양지구도 어렵게 되어 1995년부터 복귀하여 학생회도 책임 맡고 있던 상황이었다. 목요일에는 한양지구 예배를, 금요일에는 동대문지구 예배를 인도하며 리더교육을 통하여 사역에 집중하고 있었다. 동대문 지구는 어느 정도 성장하여 간사로 헌신한 후배가 책임을 맡을 수 있었지만 잠시 보류상태에 있어 겸직을 하고 있었던 때였다. 대표로 추천을 받았던 상황에서 선배 목사님의 반응은 이러하였다.

"대표를 반납하고 동대문을 위해 헌신하는 것이 어떨까?"

누구나 책임을 처음 맡을 때는 못 미더운 부분이 있기 마련이다. 나는 대표 추천을 계기로 동대문지구 책임간사를 이양하고자 했다. 물론 생각한대로 이 일은 이루어져 후배 간사가 책임을 맡게 되고 모임은 계속 유지되고 성장하게 되었다.

나는 2001년 전국 대표로 취임하였다. 언젠가 학원복음화협회 집회를 마치고 언급하면 누구나 알만한 큰 교회 목사님과 주차장에서 마주치게 되어 인사를 드렸다. 옆에 있던 간사님이 소개하였다.

"2001년부터 ESF를 섬길 대표입니다"

그러자 목사님께서는 웃으시면서 말씀하셨다.

"ESF가 많이 변했군요"

이 목사님은 미국에서부터 목회를 하면서 우리 모임의 성격을 잘 알고 있으신 분이셨다. 이 한 마디는 ESF에 지각변동이 있음을 말씀한 것이다. 아주 보수적인 복음주의운동의 노선에 있는 선교단체에서 여성이 대표를 할 수 있다는 것이 의아했을 것이다. 사실 다른 선교단체에서도 여성이 대표를 하는 경우는 없었고, 처음 있는 일이었다. 앞으로도 있을지는 모를 일이다.

한국은 전통적으로 남성위주의 권위주의에 기반을 두고 있다. 신앙의 세계에서는 더더욱 그러하다. 나 또한 보수적 문화에서 자라고 교육받았기에 이러한 전통적인 생각에 깊이 뿌리를 내리고 있었다. 여성이 지도자가 된다는 것이 어색하고 부정적인 시각도 많은 편이었다. 나는 페미니즘Feminism을 주장하는 사람도 아니다. 그런데 하나님께서는 나에게 이러한 직분을 맡기신 것이다. 하나의 틀을 깨라는 말씀 같기도 하고 하나님의 은혜로만 설명되어질 수 있는 문제였다. 당시에는 목사 안수도 받지 않아 공식적인 자리엔 뭔가 어울리지 않는 것 같은 생각도 있었다.

나는 2016년 가을, 하와이 열방대학의 IKDTS 프로그램에 참여하였다. 오랜 동안 알고 계신 목사님 가정이 적극 추천하셔서 좀 쉼을 가지고자 갔었다. 나는 이곳에서 성령의 다양한 사역을 배우기도 했지만, 가장 특이하게 생각되었던 것은 능력 있는 한국의 여성 리더들의 활동이 활발하다는 점이었다. 한국이 다소 권위적인 사회이어서 여성들은 제약을 많이 받아 활동하기가 쉽지 않은데, 이곳은 설립자가 여성의 활동을 적극 추천하고 후원하기 때문에 자유롭게 열정적으로 봉사하는 모습은 감동이 되었다. 백인사회 속에서 여성으로서 당당하게 활동적인 모습은 감사하기도 하지만, 한국의 많은 여성들의 위치를 생각하며 왠지 씁쓸한 마음이 들기도 했다.

나도 남성중심의 목회자들 틈에서 어려움을 많이 겪었다. 한번은 전국 대표를 맡고서 학원복음화협의회 각 단체의 대표들과 제주도 친교모임에 갔었다. 오랫동안 목회자들 사이에서 홍일점으로 살아왔지만 남자들 속에 여자 하나가 끼어 있는 것은 서로에게 참 불편한 일이다. 방도 다른 분들은 두 분이 사용하는데 독방을 사용하기에 돈도 많이 들고, 대화하고 수다를 떠는데도 한계가 있다. 이러한 일은 지도자가 되어 특별모임을 가질 때마다 겪는 흔한 일이었다.

이러한 사회 구조 속에서 여성리더는 오픈 마인드와 적극성이 필요하다. 그렇지 않으면 우리 속담에 "꾸어다 놓은 보릿자루" 같이 여러 사람이 모여 이야기 하는 자리에서 자기 역할을 다하지 못하고 가만히 앉아 있는 신세가 될 수 있다.

나는 지구 책임간사를 맡으며 대표로서 활동하였다. 물론 본부에서 전임 총무가 모든 일들을 꼼꼼하게 맡아 수고하였기에 가능한 일이었다. 내가 대표로 있었던 시절, 우리 전체 역사에서 손꼽을 것이 있다면 학생들이 숫자적으로 가장 많이 모였던 시절이었다. 1,000명대를 넘는 여름수양회를 계속 진행하였다. 우리는 고정적으로 천안 고신대학교 강당을 빌려 전국 여름수양회를 하곤 했는데, 수양회에서 시원하고 좋은 자리를 맡기 위하여 눈치 싸움이 가장 치열했던 시절로 기억된다. 또한 식사가 부실하여 식당 옆 매점은 불티나게 매상을 올려 주인은 언제나 환한 얼굴로 우리를 맞이하곤 했다. 이러한 결과들이 쌓여 현재 고신대학원에서 신학을 공부하고자 하는 간사들에게는 특혜를 많이 주기도 한다.

:

　여성 대표를 기록하다보니 목사안수를 받게 되었던 계기가 생각
난다. 사실 학생복음운동에 있어 목사안수는 그리 중요하지 않다.
때로 신앙생활을 열심히 하시는 부모들이 안전하게 그의 자녀들이
교육받을 수 있는지 확인 차 묻는 경우가 있지만, 그것도 아주 소수
이다. 그러나 일반 목회를 위해서는 필수적이다. 나는 2010년 9월,
아프리카의 '보츠와나 한인교회'에 말씀 강사로 초청받았다. 그곳
에서 느끼고 생각하고 결심한 것이 그 다음해 4월 목사안수로 이어
졌다.

　남아공 프리토리아에서 차로 5시간 정도 가면 보츠와나 수도, 가
로보네Gaborone에 도착한다. 보츠와나는 동쪽은 짐바브웨, 서쪽은 나
미비아, 남쪽은 남아프리카공화국, 북쪽은 잠비아의 국경을 접하고
있는 내륙 국가이다. "츠와나"Tswana 족이 79%를 차지하고 있어 '종
족간의 갈등이 거의 없다'고 한다. 지금도 "부시맨" 혹은 "바사르와
족"이 3만 명 거주하는 곳이기도 하다.

산상수훈 강의

:

영어가 공용어여서인지 멀고도 먼 보츠와나까지 한인들이 머물고 있었다. 옛날처럼 이민이 많지 않고 줄어드는 추세여서 바벨론에 포로로 간 이스라엘 백성이 본국을 그리워하듯 한국을 그리면서도 머물러 있는 곳처럼 보였다.

기후는 열대성 기후로 우기와 건기로 나뉘어 있지만, 1년 내내 비가 오지 않는 경우도 있다. 목축업과 농업이 주산업이라 소가 많아 밤에 가다가 소에 받혀 위험한 경우도 많다고 한다.

한국인들이 이민 온 것은 대부분 사진관을 운영하기 위해서라고 하는데, 보츠와나 사람들은 사진 찍는 것을 좋아해서 사진으로 초창기에는 많은 돈을 벌었다고 한다. 지금도 한인교회 내에는 사진업에 종사하는 분들이 여러 명이 계셨다.

여기에 예쁘고 멋진 교회당이 세워진 것은 놀라운 은혜이다. 이민 온 가정의 남은 수가 12가정 밖에 없고, 청소년까지 모두 합하여 약 40여명 되는데 이곳에 크고 멋지게 한인 교회당이 우뚝 세워졌다.

스토리는 이러하다. 대학 때 우리 모임에 나와서 예수님을 영접한 후, 안정된 직장생활을 하다 뒤늦게 야간시간을 이용해 신학을 공부했던 분이 있다. 그는 졸업 후 신학이 재미있어 선배처럼 남아프리카공화국으로 개혁신학을 공부하러 갔다. 박사학위 논문을 쓰면서 경제적으로 어려워 하나님의 뜻을 묻고 기도했는데 '보츠와나 한인교회' 목회자로 청빙을 받게 되자 하나님의 부르심으로 알고 순종하여 맡게 되었다. 그곳에서 부르심도 받고, 처음 목회를 해보기에 열정을 가지고 밤늦도록 사역을 재미있게 하였다. 그러던 중 교회 성도들과 한 마음이 되어 교회당을 건축하였다. 너무 열심히 헌신하여 그 후에는 여러 후유증을 겪기도 했다.

나는 이렇게 건축한 교회에 20주년을 맞이하여 말씀 강사로 초청받아 갔다. 나는 대학생들을 중심으로 하거나 대학을 졸업한 사람들을 대상으로 설교를 했을 뿐, 일반 성도들을 대상으로 강의한 적이 많지 않다. 그런데 나를 초청한 목사님은 내가 제자훈련을 시켰기에 나의 성향을 잘 알 텐데 초청했으니 우리의 스타일로 산상수훈을 강론했다. 크리스천으로서 좀 수준 있는 삶을 살아보자는 의도에서 선택한 본문이었다. 이민 사회에서 좀 더 윤리적으로 성숙해야 하나님의 이름이 높임 받을 것 같았다. 또한 한국 사람에 대한 신뢰도 깊어질 것이라 생각하였다.

마지막 날에는 한인교회가 섬기고 있는 여러 원주민들도 초청하여 대잔치를 열었다. 대잔치는 풍성한 음식을 나누는 파티였다. 약 100여명 이상이 참석한 것 같았다. 이곳저곳에서 모여들어 앉을 자리가 부족하였다. 그곳에서 한인교회는 나누는 삶을 보여주었다. 시골 마을에도 교회를 세워 지원하고 후원하는 역할을 하고 있었다.

교회에서 흔히 볼 수 있는 사건이 발생했다. 설교 후에 안수기도를 요청하는 것이었다.

"저희 딸의 미래를 위하여 기도해 주셨으면 합니다."

조금은 난감한 상황이었으나 간절히 기도해 주었다.

이 사건이 나의 진로에도 영향을 주었다. 앞으로의 방향을 생각하며 목사안수를 받아야겠다는 생각을 하게 되었기 때문이다. 혹시 일반인들을 섬길 기회가 주어진다면 거리낌 없이 사역할 수 있는 준비가 좋을 것 같았다. 사도바울은 '유대인에게는 유대인처럼, 이방인에게는 이방인을 대하는 것처럼' 사역했지 않은가! 특권을 사용하지 않는 것은 선택일 수 있지만 준비되어 있음이 지혜라는 생각이 들었다. 한국에 돌아와 교단을 알아보고 준비하여 그 이듬해 나는 독립교단에서 목사 안수를 받고 목사가 되었다. 내가 공부한 보수 측에서는 여성에게 목사 안수를 주는 것은 닫힌 문이었기 때문이다. 예수 믿고 은혜를 따라 학생운동을 했지만, 이제는 공인이 되어 사역할 수 있는 자격증을 받게 되었다.

삼일 동안 은혜로운 사경회를 마쳤다. 때로는 호텔 뷔페에 가서 식사도 하고, 호텔 찻집에서 저녁 늦은 시간까지 대화도 했다. 어떤 때는 성도의 집에 초대를 받아 가족처럼 친밀한 시간을 보내기도 했다. 그리고 거기에서 끝나지 않고, 내 인생에 잊지 못할 여행도 하게 되었다. 이렇게 대접을 받은 것을 보니 말씀 강사로서 역할은 잘 감당한 것이 아닐까?

빅토리아폭포 Victoria Falls 를 가다

:

　여행의 섬김을 자원하신 분은 김 집사님이셨다. 이 분은 일찍이 보츠와나에서 중고자동차 사업으로 자리를 잡고 계셨다. 가로보네 수도뿐만 아니라 2,3시간 거리에도 업체를 운영하셨다. 바쁘기에 선뜻 나서기가 어려운 선택이었을텐데 자원한 것이다. 목표한 곳은 세계 3대 폭포 중 하나인 '빅토리아폭포'였다. 가로보네에서 책에서 읽었던 빅토리아폭포까지는 1,000km를 가야했다. 교통사정이 좋지 못하기 때문에 일반 승용차로는 갈 수 없고 사륜구동으로 14시간을 가야만 한다. 가는 길에 휴게소 하나가 없다. 식사도 준비해서 가야했다. 때가 되면 사륜구동 차 뒤 트렁크를 식탁으로 만들어 준비한 식사를 하면서…

　우리는 즐겁게 끝없이 지평선만 보이는 지루한 길을 여러 이야기로 떠들며 갔고, 김 집사님 혼자서 운전을 다 하셨다. 때로는 아지랑이가 올라 신기루가 보이는데 즐겁게 운전을 하면서 섬기셨다.

우리가 도착한 곳은 짐바브웨에서 빅토리아폭포로 여행하기 위해 비자를 받아야 하는 이민국이었다. 그곳에서 짐바브웨 출입국 도장을 받았다. 짐바브웨를 들어오다 속도위반으로 딱지도 받았지만, 김 집사님은 개의치 않고 우리가 빅토리아 폭포를 잘 볼 수 있도록 짐바브웨 쪽을 선택했다.

빅토리아폭포는 짐바브웨와 잠비아 사이에 걸쳐있는데 원주민들이 '모시오아 퉁야'라 불렀다고 한다. 그 이유는 폭포의 웅장한 소리로 인해 괴물이 산다 하여 '천둥치는 연기'라는 의미이다. 정말 그곳에 가까이 가자 엄청난 양의 물소리가 천둥을 치는 것처럼 들렸다.

이 폭포는 스코틀랜드 출신의 선교사이자 탐험가인 리빙스턴에 의하여 처음 발견되었다. 리빙스턴은 당시 대영제국이 지배하던 영국 여왕의 이름을 따서 헌납하는 의미로 '빅토리아 폭포'라 지어 불렀다고 한다. 메인 폭포만 해도 5백 미터가 훨씬 넘어 보이고, 떨어지는 물보라는 무지개를 일으키고 연결된 산책로를 따라 폭포를 바라보며 걷다보면 그 웅장한 모습에 탄성을 지르게 된다. 하나님의 은혜로 이과수 폭포도 보았고, 나이아가라 폭포도 보았다. 이제 아프리카에 있는 빅토리아 폭포까지 본 것이다. 직장을 다니면서 돈을 모아 여행하고자 해도 어려울텐데… 세계 3대 폭포를 공짜로 보게 하시다니… 감사하지만 이에 응당 갚아야할 은혜의 빚도 많은 것이 아닌가!

그 유명한 초배 강을 따라 작은 공원이 만들어졌다는 초배 국립 공원Chobe National Park에서 "썬셋 크루즈"를 타고 석양의 아름다운 노을을 구경했다. 자연 그대로를 느낄 수 있도록 보트를 타고 투어를 하는데 이곳은 보츠와나와 잠비아를 따라 형성되었다. 가다보면 지리책에서만 듣던 남미비아와도 마주하게 된다. 각종 야생동물들 뿐만 아니라 코끼리가 석양에 평화로운 모습으로 거니는 모습을 바로 앞에서 보게 된다. 엄마의 뒤를 따라다니는 아기 코끼리의 귀여운 모습도 보게 된다. 세계의 최대 코끼리 서식지란다.

나는 많은 사람들에게 학생복음운동을 설명하면서 후원을 요청한다. 그러나 대부분 해외선교에 대해서는 후원을 하려고 하지만 대학생 선교에는 관심이 없다. 사실 이 땅에 젊은 대학생이 바로 서야 미래가 소망이 있는데 말이다. 물론 겉으로 보기에는 대학생이 가진 자와 같이 보일지 모르지만 거의 가난하다. 머리 회전이 빨라 유익이 되는 일에 관심이 많다. 그들의 이기적인 모습과 자기중심적인 모습을 받아주며 가르치는 학생복음운동가는 밑바닥 생활을 하는 경우가 많다. 후원받아야만 사역을 할 수 있다. 졸업하여 직장을 가지면 후원을 기대하는데, 다니고 있는 교회에 헌금도 '몰빵'하는 경우도 있다. '어떻게 제자양성하라고?'

하나님은 이러한 선교여행으로 남모르는 수고를 보상이라도 해

주시는 것 같았다. 위로함을 크게 받았다. 씨 뿌린 제자운동이 이국 만리에서 선교의 싹을 띄우고 열매를 맺어 가고 있는 모습이었다.

> "여호와 우리 주여 주의 이름이 온 땅에 어찌 그리 아름다운지요 주의 영광이 하늘을 덮었나이다"(시 8:1) 아멘.

동대문 35주년을 맞이하며

"여호수아가 그 요단에서 가져온 열두 돌을 길갈에 세우고 …" (수 4:20)

✚ 　　　알렉스 헤일리의 소설 "Roots"에서 주인공 쿤타킨 테는 잠비아의 주푸레 마을에서 살던 사람이었다. 백인들에 의해 노예로 잡혀 와서 미국 남부 농장에서 채찍과 인간으로서 기억하기 힘든 비참한 삶을 살고 있었다. 그는 노예로서 영어식 이름을 거부하고 자신의 본명인 "쿤타킨테"를 고수하였다. 그리고 자기 후손들에게는 이와 같이 비참한 인생을 살지 않도록 자신들의 이름과 혈통을 찾으면서 4대 째 미국계 아프리카인으로서 자부심을 갖도록 일깨우는 모습을 보여준다.

　역사 교육은 정체성과 긍지를 갖게 한다. 역사가 없는 사람은 현재만 존재할 뿐 방향성을 잡기가 힘들다. 여호수아는 노예 생활하던 이스라엘을 이끌고 요단강을 건너 약속의 가나안 땅에 입성하면서 역사를 가르치기 위하여 요단강에서 지파의 수대로 무거운 열두 돌을 가지고 건너게 하여 길갈에 기념비를 세웠다. 그 이유는 여호와 하나님의 능력이 어떠하며, 자기 백성을 하나님께서 얼마나 사랑하시는지를 알게 하여 약속하신 대로 기업을 신실하게 이루어 가는 모습을 영원토록 경외하도록 하기 위함이었다. 훗날 자손들이 "이 돌들이 무슨 뜻이뇨?"라며 묻거든 하나님께서 자기 백성, 이스라엘과 함께 하신 크신 증거임을 가르치도록 하기 위함이었다.

동대문지구 역사도 35주년을 맞이하여 기념 예배를 드리게 되었다. 우리는 기념 식수를 심지 않고 기념비적인 돌도 세우지는 않지만, 지난 학생 복음운동 35년을 돌이켜 보는 일은 참으로 의미 있다고 생각한다. 우리의 복음역사는 구원의 역사이다. 한 사람이 썩는 밀알이 되어 대학생 복음역사를 위하여 헌신했을 때 그 기초 위에 얼마나 많은 영혼들이 구원받고 새 인생을 살게 되는지 놀랍다. 허무주의와 쾌락으로 쓸모없는 우리를 구원하셔서 얼마나 가치 있고 보람된 인생을 살게 하셨는가? 35주년에 비하여 남는 자가 적고 하찮게 보여도 하나님은 잃은 자 한 사람을 찾기 위하여 찾도록 찾으시는데… 이 얼마나 놀라운 일인가! 예수님처럼 한 영혼을 섬긴다는 것이 마땅히 찬양과 감사를 하나님께 돌려야 하지 않겠는가! 또한 까마득한 후배들은 그때 그 시절에 헌신하셨던 선배들에게 감사하고 새로운 다짐을 해야만 한다. 지금 나 한 사람이 이러한 의미를 깨닫고 역사에 헌신하면 자손만대 축복으로 이어져갈 것이기 때문이다.

우리는 10여년 전, 회관 문을 닫을 위기도 있었다. 그러나 이제는 중건하여 은혜 가운데 고려대를 중심으로 구원의 역사를 확장시켜

나가고 있다. 성신여대, 덕성여대, 동덕여대까지 장막 터를 넓혀 주셨고 외대에도 한 사람을 세우셨다. 하나님께서 우리가 거하는 북부 지역에 많은 대학이 있는데 계속 지경을 넓혀 가신다. 이 시점에서 다시 한 번 우리 모두 헌신과 사랑으로 이들을 섬겨 이 땅에 하나님 나라를 이루어 가야할 것이다.

35주년을 맞이하는 우리 모두에게 새 마음을 주시길 기도한다. 여러분을 통하여 길갈에 세워진 이스라엘의 열두 돌처럼 영원토록 구원의 은혜를 간증하는 역사가 지속되길 기도한다. 더 나아가 노예 생활을 하고 있지만 역사의식을 가지고 살아간 쿤타킨테 같은 젊은 이가 되길 기도한다.

6

학생운동과
결혼

학생복음운동을 하면서 젊은 영혼들을 가장 가슴 뛰게 하는 이야기는 데이트와 결혼이다. 우리 모임에서는 암묵적으로 학생시절에는 가능하면 연애를 금지하는 분위기이다. 연애를 하다보면 신앙훈련보다는 사람의 눈치에 매여 훈련다운 훈련을 받지 못하기 때문에 좀 보류하도록 한다.

 요사이처럼 결혼이 30세를 훌쩍 넘기며 늦어지는 상황에서는 졸업하고도 많은 시간을 데이트를 하면서 결혼을 위한 준비를 할 수 있다. 그런데 과거에는 졸업 후 바로 결혼을 하는 시대였기에 나이가 들어서도 결혼을 못해 어려움을 겪는 경우가 종종 발생하였다. 그런 이들의 결혼문제로 고민하는 모습을 보면서 목자의 심정으로 개입하여 도움을 주게 되었다. 나는 자연스럽게 그들의 문제를 상담하다가 동역을 잘할 수 있을 것 같은 사람들을 소개하기 시작했다. 이것이 '중매를 잘하는 목자'로 유명해지게 된 이유다.

 한 번은 어떤 여학생과 결혼에 관한 이야기를 나누다 놀란 적이 있다.

"결혼을 위해 중학교 때부터 기도했어요."

"남학생을 보면 혹시 짝지어 준 사람이 아닐까?"라는 생각이 들어요."

"자유롭게 쳐다보지도 못하고 대화하는 데도 부자유해요"

일찍부터 기도하면서 준비하는 것은 좋으나 참으로 안타까웠다. '이렇게 얽매일 수도 있구나.' 하는 생각이 들었다. 인간관계를 결혼이라는 것으로 속박되어 온 경우였다.

우리들 대부분은 대학시절에 예수를 믿고 신앙의 가정에서 자란 것이 엄청난 복이라고 부러워하는데 믿음의 가정에서 자란 한 학생의 이야기는 좀 충격적이었다. 그 후로 나는 창세기에 언급된 대로 '결혼은 하나님께서 제정한 것이다. 그러기 때문에 하나님께서 원하시는 때에 사람을 보낼 것이다. 하나님께 맡기고 충성하라'고 믿음의 권면을 했다.

어려서부터 교회 다니는 사람을 비하하는 어떤 사람의 이야기가 생각난다. '교회 가는 이유는 연애하기 위함이다'는 것이다. 젊은 남녀가 많은 선교단체가 '연애당'이라는 비판을 받지 않기 위해서는 결혼까지도 섭리로 인도하시는 하나님의 주권을 인정하고 사명에 충성해야 한다. 나는 이러한 원칙을 가지고 질서를 잡으며 자연스럽게 매치메이커 역할도 하게 되었다.

나의 결혼관

:

"중이 제 머리 못 깎는다."라는 이야기를 나의 결혼을 두고 많이 하는 것을 들었다. 이 말은 맞기도 하고 틀리기도 하다. 나는 결혼에 대하여 부정적이지는 않았다. 또한 결혼을 하고 싶어서 안달이 나 본 적도 없다. 그래서 형제에게 호감을 보이며 적극적으로 호감을 표시한 적이 한 번도 없다. 결혼은 나의 삶의 스타일이 바뀌고 역할도 달라져서 헌신해야 하는 것으로 이해하였기에 자신도 없었고, 나의 삶의 방식을 바꾸고 싶지도 않은 측면이 더 많았다. 적극적이지는 않았지만 기회가 주어진다면 한 번쯤 생각해 본다는 정도였다. 자기가 살던 방식과 꿈을 포기하지 않아서 지금도 나는 싱글이다.

내 나이가 20대 후반을 넘기고 30세에 가까울 때인 것 같다. 결혼에 대하여 권면을 받고 많은 고민을 해 본적이 있다. 또한 그 후에도 결혼에 대해서는 수시로 언급되고 기회도 있었다. 나이 40세가 넘어서도 여전했다. 우리 한국사회에서 싱글로 사는 것이 뭔가 문제가 있는 것처럼 이해하는 경우가 너무 많았다.

한 번은 나도 심각하게 고민해 본 적이 있었다. 앞에서도 언급

했다시피 1980년대 민주화운동의 소용돌이 속에서 간사를 그만두고 방향 전환을 해볼까 했다. 그 방법은 한 가지였다. 쉽게 방향 전환 할 수 있는 것은 결혼이었다. 마침 요나가 "니느웨로 가라"는 명령이 싫어 여호와의 얼굴을 피하여 '다시스로 가는 배'를 타고 도망하듯이 결혼이라는 방주가 가장 안전하게 보였다. 때마침 길도 순적하게 열려서 멀리 미국까지 비행기를 타고 가서 결혼 상대자를 만나게 되었다. 후한 대접을 받았지만 그러나 결혼은 준비되어야만 하는 것이었다. 나의 교만한 생각과 태도는 상대방에게 많은 상처를 주게되었다. 지금 생각해도 죄송한 마음이 들 뿐이다. 결혼의 기회는 나이가 들어서도 찾아온다. 준비되고 열린 마음을 가진다면 언제나 누릴 수 있는 복이다.

지금 나이가 들어서 결혼을 생각해보니 젊었을 때는 절박하게 필요성을 느끼지 못할 수 있지만, 노년기에 친구로서 좋을 것 같다. 물론 늙어서까지 해로한다는 것은 하나님의 주권에 속한 것이지만 동반자로서 같이 할 수 있음은 위로가 될 것 같다. 또한 자녀를 키우면서 많은 어려움도 겪었겠지만 그 또한 결혼으로 주어진 노년의 복이라고 생각한다. 그래서 성경에서는 "자식은 장사의 수중의 화살 같으니 이것이 그의 화살 통에 가득한 자는 복 되도다"(시 127:4) 말씀하셨는가 보다.

영국이 인도와도 바꾸지 않겠다고 하는 극작가 세익스피어는 이렇게 말했다 한다. "결혼을 해도 후회하고 안해도 후회한다"

이에 빗대어 사람들은 "결혼하고 후회하는 것이 낫다"라고 이야기 한다. 그러나 나는 후회하지 않는다. 싱글이었기에 자유롭게 할 수 있는 수많은 일들이 있었다. 나의 인생 전부를 대학생 선교의 가장 값진 일에 마음을 다하여 헌신할 수 있었기 때문이다. 이 일을 부담과 의무로 하지 않았다. 언제나 기쁨과 즐거움으로 헌신하였다. 난 나의 삶에 만족한다. 하나님께서도 이 길을 기뻐하셨음이 분명하다. 결혼에 대하여 적극적이지는 않았지만 부정적이지도 않은 나에게 주어지지 않은 이 길은 '나 자신보다 나를 더 잘 아시는 하나님의 섭리'였음을 고백하게 된다.

25쌍이 넘는 결혼이 맺어지다

:

우리 속담에 중매쟁이에게 하는 말이 있다.

"잘하면 술이 석잔, 잘못하면 뺨이 석대"

내가 많은 형제자매를 소개 했는데 다행스럽게도 인간적으로 불행하게 이혼하거나 불미스런 일이 없는 것은 놀라운 은혜이다.

또한 이러한 이야기도 기억이 난다.

"결혼 3쌍만 성공해도 천국을 공짜로 간다."

그렇다면 나는 예수 안 믿어도 천국을 그냥 갈 수 있는 공짜 티켓이 많은 사람이 된다. 이러한 이야기들은 그만큼 중매가 어렵다는 이야기를 우회적으로 표현한 말일 것이다.

사실 매치메이커를 하게 된 것은 연애를 잘 못하는 분들이나 짝사랑으로 고민하는 분들을 위해 돕고 연결해 주면서 하게 된 것이었다. 알아서 잘하는 분들에게는 해당 사항이 없다. 내가 긴 목자 생활을 한 만큼 결혼문제로 고민하는 분들에게 도움이 된 것일 뿐이다. 어떤 결혼 중개업소처럼 많은 사람을 상대로 한 것이 아니라 내가 도왔던 제자들에게 국한하여 소개하였다.

신학교 다닐 때 일이다. 학생운동을 하고 있는 것을 알기에 전도사님들이 소개를 요청하는 분들이 많았다. 학생운동하는 간사들은 상대방의 가정 사항과 성격을 잘 알고 있기 때문에 실수하지 않을 가능성이 많다는 것을 알고 있기 때문이다. 어떤 분은 이렇게 말했다.

"그의 집에 숟가락 젓가락이 몇 개인지 알고 있어요?"

그렇지만 전도사님들의 이러한 이야기들에는 관심도 없었고, 소개하고자 하는 마음도 없었다. 단지 기도하면서 정성을 다하여 키운 제자들이 부르심의 사명을 따라 잘 살기를 소원하는 목자적인 심정으로 했을 뿐이었다. 그렇지 않았다면 결혼 정보업체를 차려 만남을 주선해주고 돈을 벌수도 있었을 것이다.

처음 시도한 것은 세종대 개척 이야기에서 언급한 적이 있다. 캠퍼스를 위해 기도하면서 섬기는 한 가정이 있을 때 복음운동은 지속되고 수월할 것이라는 의도에서 가정을 세우고자 했다. 특히 자기 대학을 졸업한 학생이 그 형편과 체질을 알고 잘 도울 수 있을 것 같아서 같은 비전과 같은 신앙 색깔을 가진 분들이 믿음의 가정을 이루도록 적극 추천하고 도왔다. 하나님은 예상치 않게 한 자매가 복음역사에 헌신할 때는 수도여자 사범대학이었지만 결혼해야할 때는 남녀공학으로 바꾸시고 예비한 형제를 만나게 하심으로 아름다운 가정을 이루도록 하시기도 하셨다. 물론 그 배경에는 많은 에피소드도 얽혀 있다.

더 재미있는 것은 그의 딸까지 중매하여 2대째 중매를 하게 되는 기적 같은 일이 일어난 것이다. 선교사 자녀들은 상황이 독특하여 결혼 상대자를 만나는 것이 쉽지 않다. 위에서 얘기한 세종대 출신 선교사님 가정도 자녀의 결혼으로 고민이 많았다. 한국을 방문하여 같이 식사를 하면서 딸의 결혼을 위해 고민을 얘기하고 기도를 부탁하였다. 마침 나는 남아공에서 사역하는 선교사님의 아들을 놓고 결혼을 위해 기도하는 상황이었다. 남아공 선교사님 가정도 나의 중매로 이루어진 가정이었다. 나는 두 선교사님 가정의 딸과 아들을 소개했다. 이들은 교제하자마자 서로 좋아했고 현재 결혼하여 멋진 가정을 이루었다. 나의 중매로 가정을 이룬 양가 가정이, 2세들 까지 나의 중매로 결혼을 하게 되다니… 내가 생각해도 신기한 일이다.

기도제목은 하나님께도 말씀을 드리지만 믿음의 식구들에게도 부탁해야한다. 어찌 아는가! 이 일이 또 다른 행운을 가져다줄지.

젊은이들이 모인 곳에 로맨스가 있기 마련이다. 가장 어려운 경우는 한 자매를 놓고 두 형제가 좋아하는 경우이다. 한 형제 편에 서자니 다른 쪽이 상처 받을 것 같고 그냥두자니 애매하여 난감한 경우도 있었다. 실제로 이러한 일은 쉽게 발생 될 수 있어서 한 형제 편에서 독려하는 분위기를 느끼면 즉시로 모임을 떠나기도 하였다. 바꾸어진 경우도 있었다. 자매가 형제와 데이트를 즐기지만 결혼은 미루는 것이었다. 더 좋은 조건의 형제와 저울질을 하고 있다는 생각에 결단하고 끊도록 하자 떠나가는 경우도 있었다.

또한 어떤 자매는 신앙이 있는 것 같았는데, 은밀히 불신자와 사귐을 즐기고 있어서 듣는 즉시 권면하여 그 자리에서 전화로 절교하도록 돕고 믿음의 형제를 소개한 적도 있었다. 한 사람 한 사람 스토리가 너무 많다. 모두 이야기 할 수 없을 정도로 많다. 25쌍 넘게 소개했으면 숫자적으로 50명이 넘는다는 이야기인데 그 사람마다 특별한 스토리가 없는 사람이 없다. 하나님은 지금도 결혼에 있어서 기도하는 자에게 기적을 만들어 내고 계신다.

한 번은 이러한 일도 있었다. 필리핀에 선교집회가 있어 많은 수의 간사들이 참석하게 되었다. 나는 한 형제 간사에게 미션을 주었다.

"이번 선교대회에서 꼭 배우자를 만나서 데리고 오셔야합니다"

그런데 한국으로 돌아올 날이 다가오는데도 "어렵다"는 이야기만 했다. 어쩔 수 없이 목적을 이루지 못한 채 비행기를 타고 집으로 돌아오는 전철 안에서 일은 성사되었다. 돌아오는 전철 안에서 나의 눈에 부산에서 사역하는 간사가 눈에 들어왔다. 익히 그 간사에 대하여서는 들어왔고 나이도 결혼할 연령이었다. 그 즉시 형제 간사를 다른 칸으로 이동하도록 하고 전철 안에서 자매와 대화를 나누고 첫 약속을 잡았다. 이미 서로 결혼에 대하여 준비되어 있는 상태여서 쉽게 진행되었다. 하나님께서 준비하시면 모든 것이 끝난 것 같아도 그 자리에서 이루어진다. 믿음이 기적을 낳는다. 현재 그 가정은 사역자로서의 길을 재미있게 살고 있을 뿐만 아니라, 세 자녀를 낳았는데 대학생인 자녀는 대를 이어 부모님이 간사로 섬긴 그 지구에서 충성하고 있다.

특히 이 이야기는 하고 싶다. 오늘날 결혼을 앞두고 결정하지 못하는 분들의 문제와 비슷하기 때문이다. 결혼에서 감정을 중요하게 여기는 한 형제가 있었다. 물론 결혼은 일반 사람들을 대하는 것보다 특별한 감정이 있어야 함을 인정한다. 그런데 그 형제는 결혼할 자매를 상대로 데이트를 해도 특별한 감정이 안 생긴다는 것이었다. 그래서 우리는 조용한 곳에서 합심기도를 했다.

"하나님! 사랑하는 감정을 주시옵소서."

어느 날 그 형제는 결혼할 자매를 통하여 알려왔다.

"좋아하는 감정이 생겼대요."

그들은 결혼하여 지금까지 행복하게 잘 살고 있다. 결혼 초년생이 아니라 아이들이 대학을 다니고 있다. 감정은 의지의 종일뿐만 아니라 하나님의 뜻이면 모든 감정까지도 허락하시는 좋으신 하나님이시다.

매치메이커로 가 본 아르헨티나

:

　이 책의 제목이 "하나님나라의 매치메이커"이다. 이 책의 제목과 어울리는 생생한 에피소드가 있다. 한 형제를 예수님께 인도하여 구원의 은혜를 누렸을 뿐만 아니라, 결혼의 중매쟁이가 되어 지구의 반대편, 아르헨티나까지 갔었던 긴 이야기이다.

　1999년 5월 나는 홀로 긴 여행을 하게 되었다. 김포공항에서 미국 LA공항으로, 거기에서 브라질행 비행기로 갈아타서 10시간 정도 지나니 책에서만 듣던 낯선 브라질 공항에 도착했다. 잠깐 머무는 사이에도 이질적인 문화를 접하기엔 충분했다. 언어뿐만 아니라 인사방법도 달랐다. 남자와 여자가 만났을 때 볼 터치를 하며 뽀뽀 인사를 건네는 모습을 너무나 쉽게 볼 수 있었기 때문이다. 한참을 앉아 지나가는 사람들을 구경하다 아르헨티나 비행기로 또 갈아탔다. 지구의 반대편까지 가는 비행시간은 너무나 멀고 지루했다. 꼬박 하루 24시간이 넘어 걸려 인내심이 한계에 도달하고, 몸도 버티질 못하여 비행기 안에서 멀미를 했다. 괴로움을 참으면서 시간이 흐르

다 보니 목표점인 이름도 생소한 부에노스아이레스 공항에 도착했
다. 그래도 이곳은 사랑하는 사람들이 사는 땅이라 생각하니 브라
질 보다 친근감이 더 느껴졌다. 또한 일찍이 이 먼 곳까지 이민 와
서 자리 잡고 있는 한국인들을 생각하니 어쩌다 이런 이역만리까지
오게 되었는지 여러 생각이 교차되었고 이민자들이 위대해지기까
지 했다.

   출국 수속을 밟으려 긴 줄을 서서 나가고 있었다. 나의 차례가 되
어 보안 검색대를 지나는데 "삐~~"소리가 울렸다. 나는 서투른
영어로 설명을 했지만 검색요원 여자는 보안구역으로 데리고 갔다.
   그래도 해외여행을 꽤 다녔는데 이역만리 낯선 곳에서 이러한 경
우는 처음 당하는 일이라 난감했다. 보안원이 곧바로 소리 난 다리
를 점검하였다. 아르헨티나가 잘 살던 1960년대까지만 해도 이민을
간 한국인들이 꽤 되었지만 국가 경제가 어렵게 된 후로는 이미 이
민도 그쳤는데, 조그만 동양 여자가 겉으로 보기엔 아무 이상이 없
어 보이는데 검색대를 통과하자 소리가 나니 이상하게 생각한 것 같
았다. 여기에는 나의 꿈 많던 여고시절 숨은 이야기가 있다. 나는 이
러한 이야기를 잘 하지 않는다. 사람에 대한 연민이 생기고 하나님
의 영광을 가릴까봐 거의 하지 않는다.

   난 초가을 이슬을 머금은 코스모스를 유난히 좋아한다. 바로 그

시기, 막 하복을 갈아입을 즈음 고등학교 2학년 하교 길에서 나의 인생의 획기적인 전환점이 생겼다. 원래 장난을 좋아하고 밝은 성격이었던 나는 버스에서 내려 집으로 친구와 더불어 이야기 하며 가던 길이었다. 그런데 누군가 뒤에서 "탁"치면서 장난을 걸어오는 줄 알았는데, 그게 아니라 도로 안쪽으로 걸어가는 나의 무거운 책가방을 엄청나게 큰 트럭이 받아 치면서 나의 몸도 360도 돌아 나의 오른발에 씻을 수 없는 상해를 가한 것이다. 평생 보조기의 도움을 받아야만 했다.

바로 이 사건이 보안 검색대 통과를 하면 언제나 삐~ 소리로 경고음을 내게 한 이유다. 문명의 이기로 주어진 자동차가 많은 사람들에게 엄청난 편리함을 가져다주었지만, 때론 생각지 않는 누군가에게는 그것의 희생타가 되어 평생 야속한 삶이 주어지기도 한다. 하지만 신앙은 그 어떠한 불행한 것도 선으로 바꿀 수 있는 마법이 통한다. 나의 경우도 예외가 아니다. 이 사건이 나에겐 진지하게 인생을 생각하며 살도록 하는 계기가 되었다.

어렵게 공항을 빠져 나오자 사랑하는 사람들이 기다리고 있었다. 오랜 시간 동안 비행기를 타고 와서 내린 나는 너무 지쳐있었고, 다시금 토하고 어지러움으로 그냥 한참을 주저앉아 있었던 기억이 난다. 그래도 탱고의 나라에 도착한 것이 신기하고 모든 것이 새로웠다. 물론 계절도 우리나라와 정반대였다. 한국은 봄인데 그곳에 도착하니 초겨울이어서 오버코트를 입어야 했다. 남미의 분위기는 달라도 너무 달랐다. 이미 브라질 공항에서 적잖이 문화적 충격을 받았는데 아르헨티나 상황도 마찬가지다. 요사이 우리나라 젊은이들도 다른 사람들을 상관하지 않고 사랑을 표현하는 분위기이지만 당시 아르헨티나의 젊은이들은 더 심했다. 흔하게 길거리에서 남녀의 사랑을 표현하는 모습이 너무나 자연스러웠고 TV에서도 마찬가지였다. 아니 오히려 사랑하는 관계임을 알리려고 길거리에서 애정을 표현한다는 이야기를 들었다. 남녀관계 만큼은 우리들보다 더 자유로운 분위기를 감지할 수 있었다. 또한 과거 선진국 대열에 있었던 나라인지라 집과 건물도 넓고 깨끗하며 전선도 땅속에 매장하여 쾌적함을 가져다주었다.

내가 지구의 정반대편에 있다는 것이 신기했다. 내가 탱고의 나라에까지 간 이유가 무엇 때문인가? 여기에는 긴 사연이 숨겨져 있다.

캠퍼스에서 만나다

:

이 이야기를 나누려면 꽤 많은 시간을 거슬러 올라가야한다. 1980년대 초반, 전도하기 위해 캠퍼스를 누비다 운동장 계단에서

멍하게 하늘을 주시하고 있는 한 학생을 발견했다.

"학생, 몇 학년이지요? 나는 이 대학을 졸업한 선배인데, 혹시 교
회 다녀본 적은 있어요?"

그에게 다가가 복음을 증거 하였는데 이것이 시작점이었다. 그
학생은 ESF 사람들에게 여러 번의 전도를 더 받고서 모임에 나오게
되었다. 경상도 울진이 고향인 그 학생은 우리 모임에 나온 뒤 얼마
안 되어 부모님께서 불행하게 모두 돌아가셨다. 그 학생은 원치 않
게 가장이 되어 두 동생을 책임져야하는 위치에 있었다. 물론 너무
가난하기까지 하였다. 그래서인지 그 학생은 언제나 우울하고 너무
심각했었다. 그러나 그가 예수그리스도의 복음을 영접한 후 그의 삶
은 놀랍게 변화되었다. 상황과 관계없이 환한 얼굴로 미소를 짓기도
했고 자기의 전공보다는 성경보기와 전도에 힘썼다. 많은 한양대 기
계공학과 친구들을 전도하여 생명을 얻게 하는 축복의 통로로 쓰임
받았다. 물론 그의 동생들도 우리의 사랑 속에서 구원의 은혜를 덧
입는 축복을 누렸다. 만일 그 학생이 우리 모임에 인도되어 나오지
않았더라면 그 삶이 얼마나 쓸쓸했을까? 하나님은 정말 사랑 그 자
체이셨다. 그 후 졸업하고 일상적으로 취직을 해서 성실하게 동생들
을 돌보면서 모범적으로 신앙의 모습을 따라 살아가고 있었다.

그 시기쯤 아르헨티나의 부에노스아이레스 대학에University of Buenos Aires 다니던 한 여학생이 교환학생으로 서울대학교에 오게 되었다. 그 학생은 성경공부를 하고 싶다하여 친분이 있던 교수님의 소개로 나와 창세기를 공부했다. 그 학생은 매주 열심히 성실하게 공부했다. 창세기를 마칠 때쯤 그 여학생은 교환학생으로서 기간도 끝나서 아르헨티나로 돌아갔고 가끔씩 편지를 주고받게 되었다. 그 여학생은 자신의 여러 어려움을 편지와 전화로 토로하였다. 그녀의 가정은 이민을 간 후 아버님께서 돌아가셔서 경제적인 어려움도 있었다. 비전은 분명했지만 자립해야 했고, 어머니와 동생을 지원하고자 하는 아름다운 마음도 소유하고 있었다. 아르바이트를 하면서 학교생활을 했지만 인생의 짐은 무거웠다. 더욱이 위로의 장소여야 할 교회가 때로는 시험거리가 되었고, 이민자로서 결혼 배우자를 만나는 문제는 산 같아 어려움을 자주 토로하곤 했다. 나는 그녀의 멘토 역할을 자연스레 감당하고 있었다. 특히 결혼 배우자 문제를 위해 기도하면서 우리 형제 중에서 선교의 비전을 가진 형제를 소개하고 싶어졌다. 그러나 한국에서 좋은 대학을 나와 취직도 하고 가족들과 즐겁게 살고 있는데, 이역만리 아르헨티나까지 장가 갈 사람이 있을까 걱정했지만 그래도 한번 시도해 보기로 결심했다.

"혹시 한국을 떠나 외국에서 살고 싶은 생각이 있나요?"
방황하다가 새 인생을 살기 시작한 그 형제에게 물어 보았다.

"한국에는 미련이 없고 외국에 가서 살고 싶어요."

동생들을 책임져야 하지만 그는 거침없이 말을 했다.

그 후 여러 우여곡절 끝에 편지와 전화로 연락하면서 그 자매와 결혼에 이르게 되었다. 나는 이 결혼식에 부모의 역할이자 중매자로, 양을 키운 목자로서 책임을 지고 부에노스아이레스에 오게 된 것이다.

결혼식에 참석하다

:

그들은 부에노스아이레스에서 법적으로는 이미 나라에 신고하고 선서하여 부부가 되었지만, 한국의 문화를 따라 다시 한 번 교회에서 결혼예식을 하였다. 예식을 하는 이민 교회는 규모가 상당히 커서 조금은 놀랐다. 중앙교회는 아르헨티나에서 한인교회로서는 가장 큰 교회였다. 후에 김충일 담임목사님의 후한 접대와 교제도 나누게 되었고, 아르헨티나에서 캠퍼스개척을 위하여 구체적 방안까지 주고받을 수 있었다. 또한 청년부 예배에서 디모데 후서 1장의 말씀을 나누면서 교감을 갖기도 하였다. 이것이 계기가 되어 많은 시간이 지났지만 청년부를 담당했던 목사님과는 연락을 주고받으며 기도의 동역자가 되었고, 한 스텝을 파송하여 캠퍼스에 꿈을 펼쳐보고자 방문까지 했으나 여러 가지 이유로 이루어지지 못해 조금은 안타까운 것이 사실이다.

결혼식은 현지의 문화대로 이루어졌다. 낮에는 예배로, 저녁에는 축하잔치로 파티가 열렸다. 재미도 있고 상당히 당황했던 기억도 난다.

아르헨티나 전통적인 결혼식은 시작하면서 아버지와 딸이 춤을 추면서 신랑에게로 딸을 보내준다. 한국에서 결혼을 위해 간 형제는 전혀 춤을 추지 못했다. 이러한 경우는 벌칙을 받아야만 했다. 때마침 춤 못 추는 신랑을 대신하여 신부의 제안으로 웨딩드레스를 입은 신부와 그의 남동생이 탱고를 추어서 그 상황을 모면하였다. 웃음으로 넘겨졌지만 참 재미있는 나라임에는 틀림없다. 음악과 춤이 있는 낭만이 넘쳐나는 도시였다. 당시 나는 그 형제의 부모를 대신하고, 한국의 믿음의 가족을 대표하여 홀로 참석했기 때문에 조금은 긴장되고 부담감을 가졌다. 결혼 축하파티는 서구 영화에서나 보았던 모습들이었다. 모두들 맛있게 식사를 하고 난 뒤 모두 춤을 추었다. 결혼식에 참석한 신부의 친구들은 마치 춤을 추러 온 것처럼 식사 후 모두 윗옷을 벗어 던지고 검정 드레스 차림으로 나타나 춤을 추었다. 나는 신랑의 친척으로 온 유일한 사람이어서 그 자리를 지키고 있는데 어떤 외국인이 다가왔다.

"춤을 같이 추실까요?"

정말 난감했다. 물론 나도 전혀 춤을 추지 못하기 때문이다.

"못 추는데요."

"그럼 가르쳐드릴게요."

마지못해 발을 맞춰 호응하다 살짝 도망쳐 나왔다. 재미있기도 했지만 이러한 분위기는 너무나 어색하고 적잖은 충격이었다.

아르헨티나를 떠올리면 탱고 음악과 춤이 생각날 것이다. 나도 그러했다. '탱고'는 유럽에서 아르헨티나로 이주한 이주민들이 부두의 노동자로서 마음을 달래면서 추던 사교댄스이다. 특별한 공간에 모여 서민들의 애환을 나누는 만남의 장소에서 뭔가 구슬프기도 하고, 때론 경쾌하고 활기차며 열정적이고 감각적인 음악에 맞추어 추는 춤은 보는 이의 마음을 사로잡는다. 소형의 손풍금처럼 생겼는데 주름상자로 된 악기를 펴고 접으면서 소리를 내는 '반도네온' 악기는 심금을 울리는 선율을 선물한다. 특히 이 나라는 전통적으로 저녁 늦게 식사를 하는데 나도 이러한 기회가 주어졌다. 미국 클린턴 대통령이 다녀갔고 사인도 걸린 곳을 다녀보고, 밤 늦도록 이야기를 하며 진한 에스프레소를 마시던 기억이 인상적이다. 나도 귀빈 대접을 받으며 그 지역에서 유명하다는 곳에서 'Dinner Tango Show'를 관람했다. 어느 사이 20여년이 되어가지만 지금도 그 탱고를 기억하면 그 감흥이 되살아난다. 현지에서 이러한 탱고를 볼 수 있음은 축복이요, 기쁨이었다.

이과수 폭포_{Iguazu Falls}를 가다
:

대한민국과 정반대에 위치한 곳에서 제자를 중매한 결혼식에 참석한 후 보너스가 또 하나 주어졌는데 이과수 폭포를 가게 된 것이다.

이과수 폭포의 경관은 롤랑 조페 감독의 〈미션〉 영화 배경으로 사용되었고, 가브리엘 신부가 폭포 가까이에서 오보에를 연주하는 장면으로 더욱 유명하게 되었다. 나이아가라 폭포를 본 적이 있지만 그것과는 또 다른 장관이요 잊을 수 없는 감동 그 자체였다.

브라질과 아르헨티나, 파라과이의 국경에 있는 폭포로 너비 4.5km, 20여개의 폭포가 갈라져 많은 양의 물을 낙하하는 모습은 장관이었다. '이구아수 또는 이과수'는 이 지역 원주민인 과라니 족의 언어로 '큰 물' '위대한 물'이라는 뜻이라 한다. 1541년 스페인의 탐험가였던 '알바로 누녜스 카베사 데바카'가 처음 발견한 것으로 알려져 있다. '악마의 목구멍'이라고 불리는 폭포는 쏟아져 내려오는 물의 양이 엄청나 무서울 정도여서 모든 것을 집어 삼킬 기세였다. 그 주위를 지나기만 하여도 옷이 젖게 되어 모두 우비를 쓰고 다녔다. 폭포 주위 부근은 삼림으로 우거져 있고, 계곡이 정말 아름다녔다. 인근 밀림은 국립공원으로 지정되어 보호하고 있었으며 그 곳에서 각종 채집된 표본은 신기하였다. 그곳에서 나비 표본 하나를 구입했는데, 20년이 지난 지금도 우리 집 거실에서 그때 그 모습을 그대로 간직하고 있다.

가이드를 따라 신랑과 신부 그리고 나는 아름다운 이과수 주위를 걷기도 하고 보트를 타기도 하면서 지친 간사생활의 스트레스를 이역만리에서 풀었다. 이 모든 일들이 아무리 생각해도 꿈만 같았다.

아르헨티나로 날아 간 첫 번째 남미여행은 한마디로 표현하면 한 사람의 영혼을 사랑으로 도운 결과적 선물이라 말할 수 있다. 물론 그 후 남미의 다른 지역도 방문하게 되었지만, 이 사건처럼 드라마틱하고 기억에 남는 사건이 또 있을까? 나는 남미의 끝을 가고 싶어서 목적을 가지고 사람을 도운 것이 아니었다. 단지 예수님의 마음을 가지고 잃어버린 한 영혼들을 섬겼을 뿐이다. 그런데 하나님은 돈 없이도 지구의 반대편을 멋지게 여행할 수 있는 특권을 주셨고, 영혼들을 도우면서 세상에서 비교할 수 없는 거룩한 기쁨을 만끽하게도 하셨다. 생각지 못한 방법으로 수고의 대가를 보상해 주시고 섭리해 주셨다. 주님의 크신 사랑을 찬양하면서 성경의 한 말씀이 기억난다.

"누구든지 제자의 이름으로 이 작은 자 중 하나에게 냉수 한 그릇이라도 주는 자는 진실로 너희에게 이르노니 그 사람이 결단코 상을 잃지 아니하리라"(마 10:42)

인생의 만족도

✚　　　　　　어떠한 신앙을 가진 분들의 '만족도'가 클까? 물론 회심 후에 만족도는 최고에 이르렀을 것으로 생각된다. 그러나 이러한 만족도가 지속되고 있다고 말할 수 있는 사람은 얼마나 있을지 생각하게 된다. 년 수가 더해 감해 따라 오히려 만족도가 퇴보해 불평과 불만족으로 짜증내며 형식적이고 의식적인 신앙생활로 만족하며 지내는 사람들이 대부분일 것이다. 그 이유가 어디에 있을까? 경건생활을 잘 못해서도 이유가 될 수 있겠지만, 혹시 세상적인 기대치를 이루지 못해서 불만족으로 인하여 그런 것은 아닐지 생각하게 된다. 내가 본 사람들 가운데 인간적으로 아무런 성공도, 자랑할 것도 없지만 그들은 "My life is happy"라고 말하는 사람들이 있었다.

1985년 출시되었고 헤리슨 포드가 주연한 미국 영화 〈증인〉Witness의 배경이 되는 "아미쉬"Amish 들이 그러하다. 나는 안식년 기간 동안 이 영화의 배경이 되는 펜실베니아 랭커스터 카운티에서 생활하였다. 그들의 생활방식은 참으로 독특하다. 미국에서는 빨래를 외부에서 말리는 경우가 거의 없다. 그러나 그들의 가정은 밖에 빨래가 걸려있다. 세탁기를 사용하지 않는다는 것을 말해준다. 또한 전기줄이 보이지 않는다. 공공전기를 사용하지 않기 때문이다. 텔레비전이나 컴퓨터도 사용하지 않는다. 의복도 남자들은 검은 모자, 검은 양복을 사용하고, 여자들도 단순한 어두운 색의 밋밋한 디자인에 아무런 장식이 없는 것을 입는다. 편리한 자동차의 문명의 이기를 거부하고 말이 끄는 마차 Buggy가 교통수단이다. 남자는 구레나룻을 기르고, 여자들은 보닛 Bonnet을 쓰고 다닌다. 뿐만 아니라 학교도 초등학교를 마치면 대부분 농사를 짓는다. 농사도 말과 쟁기를 사용한다. 고등학교를 졸업하면 끝이다. 교육은 글씨를 깨우쳐 읽을 수 있으면 된다. 그들에게 있어서 중요한 것은 신앙 공동체이며, 예배도 가정의 창고 Barn에서 드리기 때문에 건물이 필요치 않다. 인생의 행복은 하나님과의 관계에서 비롯된다고 믿기에 세상과 분리하여 외부 조건으로부터 영향을 받지 않고자 한다. 단순한 생활 그 자체다. 오늘날과 같이 화려한 문명 속에 젊은이들이 이러한 생활에 적응할 수 있겠는지 의아해 할 수 있다. 그러나 사춘기에 이러한 제도에 반발하여 가출하기도 하는 이들이 있지만, 다시 가정으로 돌아오는 경우가 많다고 한다.

이러한 그들의 모습은 17세기로 거슬러 올라간다. 네델란드 종교개혁자 Menosimon에 의해 생겨났는데 후에 '메노나이트' Mennonite라 불리게 된다. 메노나이트라는 "평화를 사랑한다."는 기치 아래

모였다. 18세기 유럽의 종교의 박해를 피해 모두 흩어지게 되었는데 일부는 "퀘이커"Quaker 교도였던 윌리엄 펜William Penn이 자유천지를 약속하자 미국 펜실베니아로 이주하여 정착한 자들이 농촌에서 공동체를 이루며 외부의 방해를 받지 않고 양심과 전통을 따라 조상들이 믿는 관습에 따라 하나님을 예배했다. 내적으로 엄격한 집단 규율을 통해 연대감을 가지고 성경적 생활방식을 보존하는 공동체이다. 그들도 새로운 제도, 외부의 문화를 수용하는 문제로 분파가 나누어지기도 했는데, '아미쉬'들은 나누어진 분파 중에서도 가장 보수적이다. 새로운 문명을 완강히 거부하고 밖으로의 변화를 시도하지 않는다. 가족들이 적당한 생계를 유지하면 되고, 탐욕스런 음식이나 화려한 삶은 영혼에 해롭다고 여기며, 전쟁도 싫어하고 군에도 가는 것도 반대하며 평화로운 삶을 추구한다.

우리가 살고 있는 크리스천의 현주소를 생각해 보게 된다. 오늘날 '아미쉬' 공동체와 같은 삶의 양식을 가르친다면 누가 신앙생활을 할 수 있는지 의아해 할 것이다. 그러나 인생의 만족도 즉 신앙의 만족도를 조사해 본다면 과연 누가 더 만족해할까? 크리스천들에게 있어 신앙은 곧 인생의 행복과 직결된다. 타락했던 우리의 영혼이 그리스도의 구속으로 회복하고 새롭게 되었기 때문이다.

당신은 어떠한가? 기독교가 너무 세속화 되었다고 평가하지만 자신의 현주소는 어떠한가? 예수를 믿어도 세상적인 명예와 물질적인 부가 뒤따라 주어야 예수를 잘 믿는 것으로 평가되어지는 상황이 아닌가? 아니 오히려 이러한 세상적인 부와 명예를 얻고자 신앙이 필요한 것은 아닌가? 이러한 혼탁한 시대에 목숨 걸고 신앙의 공동체를 유지하는 아미쉬들의 삶의 공동체가 놀랍고 부럽게 느껴진다.

새해를 시작하는 우리의 삶에 아미쉬 공동체의 개혁이 일어나길 소망한다.

> "너희는 이 세대를 본받지 말고 마음을 새롭게 함으로 변화를 받으라"(롬 12:2)

7

장소에 얽힌
비하인드 스토리

학생운동의 특징은 가난하다는 것이다. 학생들이 헌금할 돈이 어디 있는가? 자기 쓸 돈도 부족한데 헌금하는 자들은 극소수이다. 언젠가 법대 다니던 여학생이 학교 앞에 건물을 가지고 있다는 사실을 듣고서 한 말이 생각난다.

　"혹시 이단이 아닌가요?"

　그렇지 않고는 학교 앞 비싼 땅에 건물을 가진다는 것이 불가능하다고 생각했던 것이다. 정말 이해가 가는 질문이다. 이단처럼 자기가 속한 모임에 전적으로 재산을 드려 헌신하지 않는다면 어떻게 이러한 일이 있을 수 있겠는가! 이 궁금증에 대한 답을 이야기하고자 한다.

잦은 이사

:

우리가 동궁 다방 2층에 거할 때였던 기억이 난다. 그날도 이사를 하고 있었다. 마침 한 초신자 학생도 이사짐을 날랐던 것 같다. 그 때 엘리베이터도 없었기에 등 뒤에 짐을 메고 계단을 올라가는데 너무 힘이 들었는지 이런 이야기를 했다.

"내가 나중에 회관을 지어주겠어요"

그래서 훗날 왜 이 약속을 안 지키는지 웃으며 물어보았다.

"그 때는 뭘 모르고 한 말이지요, 살아보니 자기 집도 지니고 살기 어려워요"

이처럼 우리는 힘든 이사를 많이 했다. 이사를 많이 한 것도 힘들었지만 세를 살면서 당한 무시가 더 억울하고 슬펐다.

한 번은 조그만 회관에서 이사를 해야 하는데 보증금을 돌려주지 않는 것이었다. 보증금을 받기 위해 주인집을 들어가서 기다리는데, 자기의 집은 거실에 식물원처럼 멋지게 꾸미고 살고 있었지만 우리에게는 돈을 돌려주지 않았다. 선배 목사님과 나는 많은 날들을 그의 집에 가서 기다린 적이 있다.

그 뿐만 아니라 새 센터로 이사를 하면 돈이 없기에 모든 인테리어를 우리 손으로 해야 했다. 돈이 모자라니까 여기저기서 주워오고, 건물이 더럽기 때문에 온 종일 청소해야했다. 어떤 때는 설교단을 니스를 칠하면서 만들기도 하였다.

현재 이 회관으로 이사 올 때는 이스라엘이 출애굽 시 급하게 도망쳐 나왔듯이, 금요예배를 마치고 밤새 짐을 새벽까지 날랐다. 그 와중에 피아노를 옮길 수 없어 밖에 놓아두었는데 아침에 가보니 누가 그 피아노를 가져가 버려서 난감한 적도 있었다. 이사 후 청소를 많이 하여 한 자매는 손에 피부가 벗겨지기도 했다.

가난이라는 것은 참으로 불편한 것이었다. 그래도 주안에서 행복하게 형제들과 은혜를 나누며 이사를 했던 모든 일이 즐겁기만 했다.

오토바이 대신에 학교 앞으로 이사

:

어느 날 캠퍼스를 오르내리던 간사가 이야기를 했다.

"회관이 멀고 자주 올라 다녀야하기 때문에 오토바이를 한 대 사 주셨으면 좋겠어요."

당시 회관에서 학교까지 걸어서 가려면 30분 정도는 걸어야했고 또한 한양대가 산이기 때문에 상경대와 법대까지 가려면 등산을 한참 동안 해야 하는 상황이었기에 이해가 되었지만 그럴만한 여유가 없었다.

우리는 모임 장소 때문에 고통을 겪다 온마음교회와 함께 건물을 짓고 동거하던 시절이었다. 선배 목사님은 돈도 부족하니 장소를 같이 사용할 이상적인 목적으로 무리해서 땅을 사서 건물을 지었다. 교회는 예배 있는 날 이외는 장소가 비어 있고, 학생 선교단체는 언제나 사람들이 거하는 곳이었다. 그런데 이상적인 비전이 현실에서는 어려움이 많았다.

교회에는 매주 수요예배를 드렸다. 하지만 학생들은 수요예배 개념이 없었다. 모임에서 주요 활동으로 성경공부를 하기 때문에 교회 예배가 있어도 참석하지 않고 위층에서 웃고 떠드는 경우가 많았다. 교회 성도들 입장에서는 예배당에서 예배를 드리는데 참석하지 않고 웃고 떠드는 모습이 이해되지 않았을 것이다. 같은 건물을 사용하지 않았더라면 겪지 않을 많은 일들이 발생했다. 서로 배려하고 성숙하지 않으면 이상적인 꿈들도 상처와 아픔이 될 수 있음을 알게 하였다. 이러한 것은 단편적인 것이지만 이와 비슷한 상황이 반복되자 피로감이 누적되고 갈등도 많게 되었다.

 마침 학교 앞 정문 건너편에 건물이 새로 지어지고 꽤 넓은 평수의 전세가 나왔다. 당시 2억 5천으로 가격도 만만치 않았다. 우리가 가진 현금은 없고 가진 것이라고는 교회와 같이 지은 2층, 3층이 전부였다. 난감해 하면서 기도할 때 하나님께서는 한 졸업생을 통하여 전세 금액의 많은 부분을 헌금하게 해 주셨고, 나머지는 교회에서 마련해 주었다. 그 나머지는 졸업생들의 헌금에 힘입어 학교 앞 새 건물, 5층으로 이사하게 되었다. 넓고 깨끗한 센터는 보기만 해도 기분이 좋고, 넓은 창문으로 보이는 한양대학의 풍경은 눈이 오면 환상적이었다. 마치 좋은 카페에 앉아있는 것처럼 힐링이 되었다. 캠퍼스를 오르내리던 간사가 오토바이를 사달라고 했지만 더 좋은 방법으로 이사를 하게 된 것이다.

 그러나 이러한 기쁨도 잠시였다. 학교 앞은 학생들을 상대로 돈을 벌기 위해 경쟁이 심한 곳이다. 수시로 상점이 폐업하고 생기기도 곧잘 한다. 우리 건물도 주인이 바뀌었다. 새로운 건물주는 계약

기간도 끝나지 않았는데 월세로 전환한다고 통고를 하고 그렇지 않으면 나갈 것을 언급하였다. 개척기에 겪었던 트라우마가 되살아나는 기분이었다. 학교 앞은 좋은 장소이지만 언제 나가야할지, 얼마의 전세를 올릴지 알 수 없는 곳이다. 다시 한 번 이러한 기로에 서게 된 것이었다. 학교 앞으로 이사 온 대가는 너무나 혹독했다. 주인은 거의 매일 같이 전화하며 나갈 것을 재촉하였고, 우리는 갈 곳이 없었다. 마지막에는 막말과 삿대질까지 감수해야 했었다.

"의를 위하여 핍박 받는 자는 복이 있나니 천국이 저희 것임이요"

(마 5:10)

대출과 낡은 건물의 고충들

:

악한 주인을 만나면 고난도 크지만 유익도 큰 것 같다. 이유인즉 문제를 해결하고자 늘 생각하고 고민하기 때문이다. 우리는 악한 건물주 때문에 전화위복이 된 경험을 했다.

하루는 건물주에게 부탁을 했다.

"우리가 나갈 수 있도록 건물을 소개해주세요."

건물주는 부동산에 밝기 때문에 돈을 벌 수 있는 좋은 기회를 놓치지 않고 알아봐주었다. 바로 자기가 판 건물의 주인을 설득하여 다시 되팔도록 해서 우리가 그 건물을 사도록 해 주었다. 건물을 구입할 물질이 없었음에도 다각도로 알아봐서 우리 소유의 건물을 소유하게 되었다. 헌신적인 졸업생들의 수고로 학교 앞에서 드디어 세를 살지 않고 건물주가 되었다. 이제 더 이상 "나가달라", "월세로 바꾼다."는 이야기를 들을 이유가 없어진 것이다. 자유로운 복음운동을 할 수 있다는 것이 마냥 기뻤다. 대출로 빚은 많고 인테리어를 할 비용이 없어 허름해도 감사하기만 했다.

50년이 된 우리의 건물은 때마다 문제를 안고 있었다. 내부에서는 늘 고약한 냄새가 나고, 쥐들은 천장에서 우르르 뛰어다니고, 비만 오면 이곳저곳에서 샐 뿐만 아니라 심지어 홀까지 물이 넘쳐서 양동이로 퍼내야 했다. 3층은 큰 도로 옆이라 교통량이 많아 바닥이 좀 흔들린다. 더 나아가 태풍 곤파스가 상륙했을 때는 지붕이 뜯겨 나가 주위를 위협하게 했고, 어느 날인가는 예배를 앞두고 불이 나 서 신고를 했는데 옆 건물을 오가던 학생들이 담배 불을 던져 에어 컨이 있던 한 쪽이 타기도 했다. 더 충격적인 것은 우리의 건물 밑으 로 큰 하수도가 지나는데 폭우로 인하여 설치된 하수도가 터져 내부 바닥의 홀이 갈라지고 물난리로 생명의 위험을 감수하기도 했다. 그 래서 서울시를 상대로 손해 배상 소송까지 했다. 건물주는 결코 쉬 운 것이 아니었다.

더 나아가 많은 대출 때문에 우리는 점포를 임대하고 있었다. 어 찌 보면 매월 나오는 월세가 있었기에 건물을 매입할 수 있었다. 그 런데 한 업체가 나가고 다음 업체가 들어와 자연스럽게 연계되어야 하는데 연결이 되지 않고 8개월이라는 공백이 있었다. 정말 이 기간 은 괴로움의 연속이었다. 대출한 이자를 갚아야 하는데 우리의 재정 으론 턱없이 부족했다. 우리는 아침저녁으로 부르짖어 기도하면서 하나님을 깊이 신뢰하는 법을 배웠다.

그 후 좋은 업주를 만나게 하셨고, 부족한 물질도 기적처럼 채워 주셔서 이제 건물을 매입한지도 15년이 지나 빚도 갚고 건물도 손질하여 그래도 괜찮은 면모를 갖추게 되었다. 쉽게 말하면 부자가 되었다.

어떤 분은 말한다.

"이 건물을 매입한 것은 기가 막힌 선택이었어요."

그러나 이것은 결코 계획한 것이 아니었다. 어쩔 수 없는 선택이었는데 하나님께서 합력하여 선을 이루게 하신 결과라고 말할 수밖에 없다

:

　건물에 얽힌 이야기를 하다 보니 폭우로 엄청난 고생을 한 사건
과 함께 남아프리카공화국에서의 일이 기억난다. 우리 건물 내부를
지나던 하수도관이 폭우로 인해 터져 바닥의 홀이 갈라지고 물난리
로 우리 센터가 곤란에 처했을 때 나는 남아프리카공화국에 있었다.
그런데 사려 깊은 간사들은 오랜만에 선교지를 방문한 나를 배려하
여 이러한 상황을 알리지 않았다. 멀리서 해결할 수도 없는 문제로
고민을 하게 하기보다는 국내에서 스스로 해결하고자 한 것 같다.
한국에 돌아와 보니 자카렌다의 아름다움은 아스라이 멀고 현실의
혹독함을 온 몸으로 맞이해야 했다. 하루 종일 악취와 여기저기 널
부러져 있는 잔해들로 쉴 곳조차 없었다. 그래도 남아공과 같은 선
교지에서 이루어지고 있는 아름다운 사역들은 고난 가운데서도 큰
힘과 격려가 된다.

　남아프리카공화국하면 나는 봄이 생각난다. 우리나라와는 반대
여서 9월과 10월에 봄꽃이 핀다. 보라색으로 어우러져 가로수 길에
핀 아름다운 자카렌다Jacaranda의 꽃을 보는 순간 탄성을 질렀던 기억

이 난다. 지금도 다시 보고 싶고 프리토리아의 그 길을 다시 걷고 싶어진다. 한마디로 남아프리카공화국은 자카렌다처럼 가장 아름다운 나라로 나의 마음에 자리하고 있다. 아마도 꽃을 좋아하기도 하고 날씨도 너무 좋아서 반한 것 같다. 물론 볼거리도 너무 많은 곳이다.

우리가 학교 다닐 때 아프리카에 대하여 배웠던 것은 '미개한 나라' '검은 대륙' '사람이 살 수 없는 곳'으로 배웠던 기억이 난다. 그러나 남아공을 접하고서 아프리카에 대한 인식이 확 바뀌게 되었다. 물론 아프리카 대륙에서 최남단에 위치한 남아공은 가장 경제가 발전한 자유국가이기 때문에 모든 아프리카를 동일하게 생각하기보다는 달리 생각해야 하는 점이 있기는 하다.

화란의 개혁신학

:

남아프리카공화국에 대하여 알게 된 것은 신학교 다닐 때 남아공에서 공부하고 돌아오신 교수님께서 저렴하게 개혁신학을 잘 배울 수 있다는 소개를 받고 후배 중의 한 목사님이 유학을 가면서부터 아주 먼 나라지만 호기심을 가지게 되었다.

남아프리카공화국 하면 영화나 매스컴을 통해서 인종분리 정책으로 저항운동을 하는 유혈충돌만 기억이 나는 나라였다. 아파르트헤

이트 시절에는 백인과 흑인간의 인종차별로 분리되어 흑인은 백인과 같은 식당을 이용할 수 없고, 결혼도 할 수 없었다. 그러나 1994년 최초의 흑인 대통령 만델라가 당선되고 흑인정부가 수립됨으로 백인 정권이 종말을 고하고 인종차별 정책도 폐지되었다. 그로 인해 국제적 비난에서 벗어나 다시금 지위를 되찾게 된 나라이기도하다.

남아프리카공화국에 개혁신학이 뿌리 내리게 된 것은 네덜란드 백인들의 이주 때문이다. 남아공에는 공식 언어로 영어와 아프리칸스를 사용한다. 영국 등 유럽에서 온 백인들은 영어를 사용하고, 네덜란드계 백인들은 아프리칸스어를 쓴다. 화란계통의 사람들은 보수적인데 언젠가 여행 중이라서 화란정통교회에서 예배드린 적이 있었다. 예배드리면서 내가 또 다시 이러한 예배를 드릴 수 있는 기회가 없을 것 같아 조용히 카메라를 찾아 사진을 찍으려고 했다. 그런데 너무나 조용하여 카메라를 찾다가 조그맣게 난 '부스럭' 소리에 죄송하여 그만두었던 생각이 난다. 이러한 모습이 화란의 정통교회 모습이다.

또한 우리에게는 『겸손과 순종』『예수님의 임재연습』 등 많이 읽혀지는 책의 저자, 앤드류 머레이_{Andrew Murray, 1828-1917}의 고향이기도 하다. 그는 남아프리카의 성자로 불리는 목회자이며 저술 활동도 활발히 하였다. 지금도 개혁신학을 공부하고자 하는 분들에게 꾸준히

인기가 있는 곳이 남아공이기도 하다.

　내가 남아프리카공화국을 가게 된 데에는 사연이 있다. 칼빈의 개혁신학을 공부하는 선교사님이 계시기 때문이었다. 그분은 과거에 대학 후배로 내가 일대일로 도왔고 우리 모임에서 헌신했던 분이다. 그런데 그 선교사님의 갑작스러운 변화로 놀라서 가게 된 것이다. 그 분은 너무나 큰 은혜(?)를 받았다고 하며, 어느 날인가 한 통의 전화를 했다.

　"목자님! 남아공입니다. 제가 고백을 하건대 학생시절 어려웠던 것은 저의 죄 때문입니다."
　그리고 자신이 경험한 여러 이야기를 한 뒤 이렇게 말했다.
　"제가 방언 찬양을 부를테니 들어보세요."
　당시는 "카카오톡"도 없던 시절이라 전화요금이 비쌌던 때였는데 거의 한 시간이나 이야기를 들어야 했다.
　이 무슨 일인지 도무지 이해하기가 어려웠다. 그래서 큰 마음을 먹고 추석기간을 이용하여 상황을 파악하고자 남아공을 가게 된 것이다.
　그곳에서 신학을 공부하시던 목사님들 사이에서 이 사건은 빅 이슈가 되어 있었다. 늘 공부에 매달리다보면 경건생활에 소홀하여 신학을 공부하면서 메마를 때가 있다. 목사님도 그러했던 것이다. 그래서 기도원에 가서 기도하다가 뜨겁게 성령체험을 했다. 그 후 온

통 집중된 주제가 성령님과 관련한 것이 되어 '성령신학'을 한다고 방향을 바꾸기도 했다.

신앙의 세계는 너무 깊고 넓어서 평가하는 것이 어려운 것 같다. 물론 자기가 따르는 신학적 입장에서 평가할 수는 있다. 그러나 이러한 점이 얼마나 위험한지 모른다. 한 영혼을 매장시킬 수도 있기 때문이다. 사실 가까이에서 동역하시던 분들이 보수적인 개혁신학을 공부하고서 사역하시다 이러한 현상이 많아져서 내가 고민스러워 하고 있는 점 중의 하나이기도하다. 종말에 이 모든 평가는 하나님께서 하시리라 생각하며 이쯤에서 이야기를 마치려고 한다. 나는 이러한 이유로 첫 번째 남아프리카공화국을 방문하였다.

감동적인 사역들

:

선교사님은 신학을 공부하면서도 그곳에서 사역을 열심히 이루고 있었다. 그 사역들을 돌아보니 감동이 되었다. 사역들이 많아 공부에 집중하기 어렵겠다는 생각도 하게 되었다.

먼저는 넬마피우스 지역에 교회를 세우고 현지 주민들을 상대로 목회를 하고 있었다. 이 지역은 전기도 들어오지 않았는데 최근에야 혜택을 받고 있다고 한다. 어린아이들을 포함한다면 예배에 모인 사람들이 80여명 되는 것 같았다. 내가 설교를 할 때는 삼중언어로 선포되었다. 한국어를 영어로, 영어를 현지어로 통역을 했다. 남아공은 많은 인종만큼이나 언어도 다양해서 공용어가 11개나 된다고 한다. 그 교회는 그 중 한 부족언어를 사용한 것이다. 예배에는 모두 곱게 차려 입고 나왔다. 예배 후에 일일이 악수를 하고 나서는 손을 씻을 것을 권면 받았다. 누가 에이즈 환자인지 알 수 없기 때문이란다. 목회하는데 어려움은 귀신들린 자도 있고, 에이즈 환자도 있고, 다양하게 문제가 많은데 모두 돌아보기가 벅차다고 하였다.

다음은 공원예배였다. 남아공에는 그 주변의 가난한 나라에서 와서 가정부로 혹은 다른 노동을 하면서 일하는 사람들이 많다. 그들은 주말에 자기 고향에 갈 수 없어 공원에서 노는 경우가 많은데, 이러한 점을 착안하여 주일예배를 마친 오후에 공원에서 또 한 번의 예배를 드리고 있었다. 예배를 드리기 위해서는 준비할 것이 많았다. 의자도 준비해야했고, 샌드위치와 음료도 준비하고, 선교사님 자녀들은 찬양도 준비하여 공원으로 향한다. 시간이 되면 이곳저곳에서 모여들기 시작했다. 많이 모일 때는 40여명도 함께 한다고 한다. 아프리카 특유의 돌림 노래로 누군가 선창을 하면 화음에 맞추어 열정적으로 찬양하는 모습은 정말 감동적이다. 지금도 몸을 좌우로 흔들며 부르는 노래 소리가 들리는 것 같다. 물론 아프리카 특유의 몸 냄새를 고통스럽게 맡으면서. 때로는 술에 얼큰히 취했음에도 예배에 참석해서 앉아 있었다.

　이러한 장소에서 말씀을 선포한다는 것은 예수님께서 이천년 전에 가난한 백성들을 상대로 사역하셨던 그 모습을 연상케 했다. 준비하는 분들에게는 귀찮은 일이지만 정말 뜻있고 귀한 섬김이어서 하나님께 영광을 돌렸다.

　학생사역도 은혜 가운데 이루어지고 있었다. 프레토리아Pretoria 는 남아프리카 공화국의 행정수도로 약 1,400m의 고원지대에 위치하고 있다. 그곳에는 좋은 국립대학이 있다. 선교사님의 집은 바로 학교 앞 가까운 거리에 위치해 있었다. 이유인즉 그곳에 있는 대학생들을 돕고자 함이었다. 가라지를 개조하여 학생들이 거하도록 방을 만들었다. 학생들이 거주하면서 전도하고 섬기는 자가 되길 바라고 배려한 것이다.

　금요일이면 학생들이 집으로 예배하러 왔는데 6,7명이 함께 하였다. 그곳에 핵심멤버는 가나에서 유학 온 학생도 있었다. 때로는 밖으로 나가 고기도 구워먹으며 공동체를 만들어 가지만 선교사님의 여러 사역으로 집중하기는 어려웠다. 그렇지만 기도하면서 최선을 다하여 섬기고 있었다. 짧은 시간 머물면서 내가 할 수 있는 것은 피자를 사주거나 말씀을 나누는 일이었다. 피자는 한국 학생들뿐만 아니라 남아공의 학생들도 최고의 인기 있는 한 끼 식사였다.

　이러한 사역들로 인하여 선교사님은 공부하러 간 목표가 늦어질 수밖에 없었다. 그러나 신학을 하는 주된 목적이 은사에 따라 하나님께 영광 돌리는 것인데, 사역들이 열리고 많아지면 그 사역에 집중할 수도 있는 것이다. 사람들은 여타 이야기를 할 수 있지만 소신껏 하나님을 기쁘게 하는 길이라고 생각한다면 문제될 것이 없다. 사역의 현장을 듣고 방문하지 않으면 모르는 것이 당연하기 때문이다.

　내가 본 당시 남아공의 사역은 역동적으로 최선을 다하여 섬기고 있었다. 처음 남아공에 온 목적을 생각하면 공부에 대한 미련을 던져버리기 아쉬운 면이 있지만 소신껏 사역을 감당했으면 하는 아쉬움이 있다. 이 가정을 통하여 아름다운 일들을 하고 계신 사역을 돌아볼 수 있었음은 은혜요 감동의 시간들이었다.

이모저모

:

　남아프리카공화국은 참 매력적인 나라로 기억된다. 그 외에 나눌 이야기가 너무 많다. 특히 '컬러교회'를 방문한 것이 인상 깊다. 남아공에는 흑인이 79%이지만 아프리카 원주민과 이주한 백인이나 다양한 인종 간 결혼 사이에서 태어난 후손을 '혼혈 인종'이라 부르는데 이들은 흑인에도, 아시아인에도 속하지 못하는 자들로 9%를 차지한다고 한다. 그들은 대부분 백인이 운영하는 농장에서 일한다. 그런데 바로 그 어디에도 속하지 않은 칼라교회 사역을 한국의 목사님께서 감당하고 계셨다. 지구 어느 한 구석에서 주님이 기뻐하시고 영혼의 아픔을 치유하고자 노력하는 주의 종들의 노고를 보면서 이러한 사역을 알게 하시고, 기도케 하심도 감사드리게 되었다.

남아프리카공화국 지형은 대서양과 인도양 두 대양에 걸쳐 2,500킬로미터가 넘는 해안선을 가지고 있다. 한번은 선교사님께서 "바다를 구경을 가자"며 '더번 지역'을 가고자 나섰다. 그곳은 과거 마하트마 간디가 20년간 머물면서 인종차별 저항운동을 이끌어서 현재도 인도인이 약 백만 명 정도 살고 있는 곳이다.

그런데 가는 길을 잘못 들러 '줄루랜드'를 거쳐 가게 되었다. 그곳은 '줄루족'이 거주하고 있는 곳이었다. 줄루란 '낙원의 백성'이란 의미인데 아프리카 고유의 전통적인 생활방식을 그대로 고수하고 있었다. 남아공은 흑인 부족들에게 아직도 자치정부와 왕을 세워 살도록 한다는 이야기를 들었는데, 바로 이러한 부족민들의 지역을 방문하는 행운도 있었다. 로봇이 생활의 일부를 대신해 주는 4차 혁명이 주도하는 사회가 되어가는데 아직도 아담과 하와처럼 살고 있는 신세계도 있었다.

선교는 이 모든 것을 보게 되는 복도 주어진다. 하나님의 넓고 오묘하신 손길을 영원토록 찬양한다.

> "깊도다. 하나님의 지혜와 지식의 부요함이여, 그의 판단은 측량치 못할 것이며 그의 길은 찾지 못할 것이로다."(롬 11:33).

태풍 _{Typhoon} "곤파스"

✚　　　　　'태풍'하면 많은 비와 강한 바람을 떠올리게 된다. 나에게는 폭우로 많은 것들이 떠내려가는 모습이 더 강한 인상으로 기억된다. 9월 초 우리나라에 피해를 가져온 태풍 '곤파스'는 바람의 위력이 비 보다 얼마나 무서운 것인지를 가르쳐주었다. 태풍 '곤파스'는 일본 오키나와 부근 해상에서 소형의 열대 폭풍으로 발생하였기에 일본에서 제출한 별자리 이름을 의미하는 컴퍼스이다. 이 '곤파스'는 한반도를 향해 북상하면서 초속 40m의 강한 바람을 동반하여 약 4시간 만에 한반도를 관통하여 동해상으로 진출했는데, 서울 시내 나무 8,000그루가 피해를 입은 것으로 집계되었다. 가난한 우리 학생운동도 큰 피해를 당했다.

새 학기를 시작하면서 첫 예배를 기대감으로 준비하고 있었는데, 갑자기 때 아닌 태풍으로 우리 건물의 지붕 반쪽이 날라 가는 기이한 일이 발생한 것이다. 대학교 앞 큰 길가에 자리 잡은 3층 건물 지붕 철제물이 도로 위로 넘실대며 지나가는 사람들의 생명을 위협하고 있었다. 누군가 이 사실을 목격하고 경찰에 신고하여 119의 도움을 받게 되었다. 세금은 꼬박꼬박 냈지만 도움 받은 바는 기억이 없었던 우리에게 중장비를 동원하여 이른 아침부터 우중에 수고하는 안전요원들의 모습을 보며 그 동안 불평한 것이 죄송함으로 다가왔다.

이렇게 강한 태풍을 경험하면서 짐 심발라Jim Cymbala 목사가 쓴 『새바람 강한 불길』이란 책이 생각났다. 그는 한 때 20여명 정도의 교인과 더불어 예배를 드렸지만 현재는 6,000명 이상이 참석하는 미국 뉴욕에 있는 브루클린태버내클Brooklyn Tabernacle 교회를 인도하고 있다. 그가 사역하는 곳은 물질적으로 도덕적으로 황폐한 도시한 가운데였다. 가난과 마약중독, 알코올 중독과 가정파괴 등의 문제로 험악한 환경이고, 경제적으로도 내세울 것 없는 비참한 지역이다. 짐 심발라는 그 지역에 하나님의 사랑이 절실함을 깨닫고 "예수 이름을 부르는 모든 사람들을 위한 안전한 피난처이자 치유하는 곳이 되어야한다"는 비전으로 사역을 시작하였다. 그의 비전대로 사람들은 변화되었고 교회는 부흥되어 다른 지역에까지 사역을 확장시키는 능력 있는 복음역사를 감당하게 되었다.

언젠가 이러한 일도 있었다. 설교를 마치고 구원의 초청을 하고 있을 때 한 청년이 예배실 중앙으로 걸어왔다. 오른 손에 38구경 권총을 들고 총구를 겨냥하고 있었지만 목사님은 눈을 감고 있었기에 어떤 위험에 처해 있었는지 알지 못했다. 성도들은 놀라 대혼란에 빠져 더러는 울고 더러는 크게 기도하고 있었다. 25세 정도의 그 청년은 자기 애인을 가로챈 상대에게 보복하려고 가던 길에 교회에 들어오게 되었는데, 자기 마음에 있는 깊은 증오심을 깨닫고 강단 앞까지 걸어와서 총을 강단에 내려놓고 회개하는 사건도 있었다.

그 교회는 다른 새로운 프로그램을 도입하거나 마케팅 전략의 유혹에 빠지지 않았다. TV보는 시간을 기도와 중보에 집중하였다. 이러한 평범한 영웅들 때문에 강한 태풍과 같은 성령의 능력이 나타났다고 한다. "믿음의 기도는 수백 년이 지나도 능력을 잃지 않았다"는 전통적인 방식으로 여러 이론을 포기하고 기도에 전념하여 강한 불길, 놀라운 부흥을 경험한 것이다.

하나님은 어제나 오늘이나 변함이 없으신 분이다. 오늘도 동일하게 역사하시는 분이시다. 어떠한 장소든지 상관하지 않는다. 우리가 고민하는 것은 '우리만이 가진 독특한 환경이 문제라고 핑계 대며, 이러한 처지에서는 아무 것도 할 수 없다'고 이야기하기 쉽지만 어떠한 지리적, 사회 계층적 특성이 있다 해도 사도행전의 역사는 지금도 진행 중이다.

하나님은 우리 안에 태풍과 같은 변화를 일으키시길 원하실 것이다. 우리 주위를 둘러보면 갖가지 굴레에 매여 탄식하는 인생들로 가득하다. 부귀와 영화의 자리에 앉아 성공한 사람들도 불안한 가운데 살아가고 있다.

깊어져 가는 이 가을에 태풍 '곤파스'와 같은 강한 성령의 바람이 일어나길 소망한다. 일상처럼 아무렇지 않게 무감각하게 냉랭하고 메마른 우리의 심령을 뒤바꿀 부흥을 위하여 기도하는 믿음의 사람이 되길 바란다. 하나님을 기쁘시게 하려는 열망이 가득하길 소망한다.

주님! 우리 안에 '곤파스'와 같이 위력적인 태풍의 변화를 일으켜 주옵소서! 또한 믿을 수 없는 일을 행하신 그 분의 영광을 영원토록 찬양하게 하옵소서. 아멘.

8

늙어간다는 것과
은퇴

나의 외모를 보면서 사람들로부터 가장 많이 들었던 말은 '어려 보인다.'는 것이었다. 그런데 어느 사이 나이를 먹어 황혼 길에 들 어서게 되었다. 물론 지금도 나이에 비하여 '젊어 보인다.'는 이야 기를 곧잘 듣지만 얼굴에는 주름이 생기고 머리는 희어지니 부인할 수 없이 노인이 되어간다. 마음은 청춘이지만 후배의 자녀들이 나 를 보고 가르쳐주지 않아도 '할머니'라고 부른다. 대학시절부터 존 경하는 김형석 교수님은 『100년을 살아보니』의 책에서 인생의 황금 기는 "60세부터 75세"라고 하지만 나이를 먹는다는 것은 나로서는 결코 그리 기쁘지만은 않다.

복지사와 노인학

:

60세가 되어 갈 즈음 일이다. 자연스럽게 나이를 먹어가지만 나의 마음엔 혼란스러움이 내재하였다. 겉으론 늙어 가는데 나의 마음엔 이 사실을 받아들이기보다는 거부하려는 마음이 자꾸 솟아오르는 것이었다. 자연적인 나이를 받아들이기가 힘들었다. 물론 신체적인 나이도 절실하게 힘들게 느낄 정도가 아니었다. 그래서 '노인'이 되면 어떠한 삶을 살아야하는지 고민이 되어 여러 책을 찾아 읽기 시작하였다. 요한 크리스토프 아놀드가 쓴 '나이 드는 내가 좋다'는 제목을 보고 선택하여 읽어보기도 했고, 김형석 교수님이 쓴 '선하고 아름다운 삶을 위하여' '백년을 살아보니' 등을 읽고 지혜를 덧입기도 했으나 나의 심령은 계속적으로 갈급함을 느꼈다. 어느 곳에서 강의라도 듣고 싶은 마음이 간절하기도 했다.

마침 '노인학'이 개설되는 과목을 찾을 수 있었다. 그것은 사회복지를 공부하면 가능한 일이었다. 스케줄이 많지만 주말에 들으면 가능할 것 같았다. 또한 2급 사회복지사 자격증도 얻을 수 있으니 '일석이조'라는 생각으로 시작했는데 정말 유익하고 많은 정보를 배울 수 있었다. 나는 한국 국민이지만 사회복지 정책에 대하여 모르는 것이 너무 많았다. 사실 바쁜 간사생활로 뉴스나 드라마를 규칙적으로 본다거나 정보에 밝은 아줌마들과 떠드는 것도 쉽지 않은 현실이어서 더 무식한 것 같았다. 국민연금조차도 왜 굳이 들어야 하는 지 이유를 모르고 정부에서 하라고 하니까 의무감으로 하는 수준이었다. "노령연금이 무엇인지?" "그룹 홈과 지역아동센터에서 무엇을 하는지" "디딤 씨앗통장이란?" 등 복지 서비스를 알면 실제생활에서 유용하고, 이러한 정보를 잘 알았다면 현실적인 어려움을 겪는 분들에게 실제적인 도움을 제공했을 거라는 생각이 들었다. 강의를 들어보니 목회자의 삶을 살고자 하는 분들에게 사회복지는 강력 추천하고 싶은 공부였다.

'노인학'에서는 '노인'이라는 정의부터 분명하게 답을 말해주었다. '노인'이란 '생물학적 쇠퇴를 기준으로 노화 단계에 속하는 사람들'을 칭하는데 연령에 따라 획일적으로 구분하는 것은 한계가 있지만 보통 65세 이상을 규정한다고 했다. 또한 요즈음 한국 사회는 기대 수명이 증가함에 따라 노인의 수가 증가하여 고령화 사회에 직면했다고 평가한다.

인구의 고령화는 우리에게 노동력의 부족을 가져오고 의료비와 노인 부양비 증가로 위기의 요건이 된다는데 나도 그 대열에 서게 된 것이다. 짐이 되기 싫은데 사회 구성원으로 어쩔 수 없는 현실이 되었다. 그래도 운동을 열심히 하여 국가 재정에 손실을 끼치지 말아야지 하고 다짐도 해본다. 병원에서 건강검진을 따라 폐 검사를 하게 되었다. 간호사가 이런 이야기를 해서 무척 기뻤다.

"폐는 나이보다 상태가 좋아 58세 처럼 나옵니다."

언젠가 TV에서 훗날 국민연금의 고갈을 이야기 하던 모습도 상기된다. 예외 없이 누구나 노인은 될 터인데, 준비하고 맞이하면 그래도 위험요소를 방지할 수 있을 것 같다. 그렇지 않으면 노인 자살 문제의 심각성을 겪게도 된다는데, 내가 나이를 들면서 느끼는 것은 노인문제는 개인뿐만 아니라 사회적으로 다가올 미래에 대한 대응책으로 정책이 필요한 것이 확실한 것 같다.

내가 인생을 살면서 노인이지만 이상적인 모습으로 살아가는 사람들을 하와이 열방대학에서 보았다. "열방대학"Unversity of the Nations은 코나Kona에 위치하고 있는 국제예수전도단의 선교훈련기관이다. 설립자인 로렌Loren Cunningham은 80세가 훨씬 넘겼음에도 그의 아내와 힘차게 활동하고 계신다. 큰 파도가 전 세계를 덮는 환상을 보여주신 대로 이 학교를 통하여 그의 비전을 따라 살고 있다. 그 모임을 돕는 50세 이상의 어른들이 50만 명이나 된다고 한다. 가장 나이 드신 분들과 동역하여 하나님 나라를 멋지게 이루어 가고 있다. 한국에서는 은퇴하여 하늘나라를 바라보며 은둔의 생활을 하고 있을 텐데… 말이다. 머리가 흰 어른들의 활동을 가장 많이 볼 수 있는 곳이라고 생각한다. 현재 150여개 이상의 국가에 약 2만 여명의 전임 간사들이 섬기고 있는 곳이요, 창설 이래 약 300만 명 이상의 학생들이 자원봉사자들과 간사로 봉사해 오고 있는 곳이기도 하다. 언젠가 같이 참석했던 분이 말씀하신 것이 기억난다.

"이 단체는 연구대상입니다. 어떻게 무보수로 이 많은 사람들을 활용할 수 있을까요?"

"대단해요, 대단합니다."

한 사람의 비전이 젊은이와 여성과 노인들에게 소망과 위로를 안겨주는 곳이다.

나이가 들어가면서 나에게는 심리학적으로 위축되는 것이 문제인 것 같다. 정서적으로 성격적으로 조금은 성숙해짐을 느끼지만 인지기능은 예전과 같지 않아 자주 깜박하고 잊어버린다. 단어도 생각이 나지 않을 때가 있다. 또한 은퇴한다는 것이 개인의 지위와 역할의 변화로 다가오고, 죽음과 질병을 생각함으로 정서적으로 불안함과 공포감을 느낄 때가 있다. 노인이 된다는 것이 좀 충격으로 다가오는 것 같다. 차츰 생물학적 퇴화가 더 심화된다면 노화도 더 가시화 될 것이 분명하다. '죽음과 질병 앞에서 자유롭고 담대함을 가지고 있는 사람이 얼마나 될까?' '이러한 제반 문제에 대하여 예방하고 잘 대처할 수 있을까?' 이러한 생각은 꼬리를 물고 우울한 기분으로 이어질 때가 있고, 의욕상실로 나타날 때도 있다. 긍정적으로 웃으면서 잘 대처해야 하는데 자신이 없다. 정말 젊을 때보다 노인이 되면 더 큰 믿음이 필요하다는 것을 절실히 느끼게 된다.

내일 일은 난 몰라요

:

"태어나는 것은 순서가 있어도 죽는 것은 순서가 없다"고 말한다. 건강한 정신과 육신으로 행복하게 살아간다면 100세가 넘어도 문제가 될 이유가 없다. 삶의 질이 그리 퇴보하지 않고, 나이가 들었어도 혹시 국민경제에 이바지할 수도 있을지도 모르기 때문이다. 그러나 대부분은 아닐 것이다. 나의 삶도 예외가 아닐 것이다.

옛날 복음성가 한 소절이 생각난다.

"내일 일은 난 몰라요 하루하루 살아요. 불행이나 요행함도 내 뜻 대로 못해요"

이 찬송이 요사이 나의 삶을 대변해 준다. 개인적으로 노후기간에 겪게 될 문제를 누군가 분담해 준다면 인간으로서 존엄성을 가지며 삶의 질을 높일 수 있을 것이다. 건강 증진뿐만 아니라 안정에도 기여하게 될 것이다.

노령연금을 받는 분들의 이야기를 들은 적이 있다.

"정말 우리나라가 살기 좋아졌어요."

"어느 자식이 정확한 날, 정확하게 통장에 입금해줍니까?"

"정말 감사하지요"

우리나라가 더 복지국가로 성장하길 소망해 본다. 이 문제는 정부의 차원에서만 해결하는 것보다 교회가 함께 연대하여 사회 환경을 구축해 나간다면 좋을 것이란 생각을 한다. 열악한 목회자들의 미래에 있어서는 더욱 요구되는 부분이기도하다. 자신의 삶의 현실에 급급하여 쫓겨 살다가 어느 날 다가오는 은퇴와 노인의 문제를 개인의 문제로만 취급할 것이 아니라, 함께 고민해가는 성숙함을 보여준다면 훨씬 살기 좋은 대한민국이 될 것이라 기대해 본다.

첫 선교여행, 태국

:

태국의 선교사는 나에게 은퇴 후 치앙라이에서 살 것을 추천했었다. 이유인즉 날씨가 좋고 물가가 저렴하여 선교하면서 지내기가 아주 좋은 곳이기 때문이란다. 또한 도둑이 없어서 문을 열어놓고 다녀도 안전하다고 한다. 태국은 나에게는 왠지 모를 친근함이 있다. 물론 우리가 가족여행을 다녀온 곳이기도 하지만, 아마도 첫 번째 선교여행을 가서 보고 느낀 감동이 커서 그런 것 같다. 은퇴지로 추천받은 태국을 떠올리며 태국선교에 대해 나누어 보고자 한다.

과거 우리 모임에는 선교 헌신자들이 있었다. 선교의 길을 열어주지 않는다고 무언의 불평과 압력이 있었다. 그래서 신학교 동기가 졸업하자마자 태국 선교사로 나가게 된 곳을 알아봐서 그를 통하여 1992년 1월, 역사적인 첫 출발을 선교 헌신자와 함께 떠나게 되었다. 이렇게 선교에 첫 발을 내딛게 되었고, 선교지를 다녀와서 그 선교 헌신자는 그해 4월에 태국의 수도, 방콕의 선교지로 파송되었다.'
태국은 동남아시아에 위치한 국가로 한문으로 음차하여 '태국'이라 부른다. 수도는 방콕이다. 우리가 가끔 우스운 소리를 하는 곳이다.

"이번 여름엔 어디로 여행을 가실건가요?"

"방콕할거예요."

동남아시아에서 유럽국가의 식민 지배를 받지 않은 유일한 나라이기도 하고, 북서쪽으로 미얀마, 북동쪽으로 라오스, 동쪽은 캄보디아, 남쪽으로 말레이시아와 국경을 접한 나라이다. 주민 대부분은 타이족이다. 중국계도 상당하지만 기타 부족들도 12%에 속한다.

카렌Karen 부족을 가다

:

선교지를 처음 방문한 방콕은 정말 신세계를 보는 것 같았다. 열대몬순 기후여서인지 한국은 추운 겨울인데 그곳은 습하고 더워 한국의 여름 날씨와 같이 숨을 쉬기도 힘들었다. 또한 보이는 것들마다 문화 충격이 컸고 재미있기도 하였다.

특히 승려들이 길거리에서 가난한 사람들에게 여러 가지 '시주' 받는 모습은 강한 인상으로 남는다. 승려에게 물건을 베풀어 주는 일은 이른 아침부터 이루어졌다. 선교 헌신자로 같이 갔던 형제는 한국의 유명한 '마이산' 주지의 가정에서 자랐다. 그러한 가정에서 예수를 믿고 선교에 헌신자가 되었다는 것 자체가 기적이다. 이 형제가 첫 선교여행을 간 태국 선교사가 된 것은 결정적으로 불교 문화권에서 비슷한 동질감을 느꼈기 때문이었다. 그 형제의 결혼식에 참여해 본 광경은 참으로 놀라웠다. 지금까지 승려들을 보았지만 그렇게 많은 승려들이 참석한 것은 처음 보는 일이었기 때문이다. 우리는 태국에서 마침 예수 전도단 간사들이 부족들을 리서치하려고 와서 함께 머물며 교제하게 되었다.

우리는 카렌족을 만나기 위해 떠났다. 방콕에서 12시간의 밤기차를 타고 치앙마이에 도착했다. 신학교 동기가 그곳의 부족들을 섬기고 있었기 때문이었다. 그곳의 날씨는 달랐다. 마치 한국의 봄이나 가을처럼 쌀쌀하여 더위를 싫어하는 나로서는 적응하기가 좋았다.

카렌 부족은 미얀마 남동쪽 '카렌주'에 많이 살고 있는데 방향감각이 없는 나는 치앙마이에서 북쪽에 거주하는 곳이라는 기억만 난다. 사륜구동으로 꼬불꼬불 돌아가야 하는 험한 지역이었다. 우리 차는 험한 도로를 이기지 못하고 타이어가 터져버렸다. 그래서 우리의 계획에 차질이 생겼다. 깜깜한 밤에 불빛을 찾아 밤을 묵을 숙소를 찾아 걸어가는데 마침 들린 집은 교장선생님 댁이어서 환대를 받을 수 있었다. 태국의 가옥은 일반 집의 형태가 아니라 지상 위에다 개방형으로 한국의 시골 원두막처럼 지어져 있었다. 가져온 배낭에 의지하여 잠을 청했지만 새벽녘에는 추워서 일어나 불을 피우고 몸을 녹여야 했다. 아침에 "영상 2도에 얼어 죽었다."는 이야기를 들었는데 정말 이해가 되었다. 그래도 밤에 일어나서 본 하늘에 가득 찬 별들의 아름다움은 많은 추억과 낭만을 가져다주었다.

카렌족의 본거지는 미얀마인데 거기서 쫓겨나서 국경을 넘어 받아준 이들이 태국에서 살고 있다고 한다. 대부분 정글 속에 살아가는 자들이다. 태국 정부에도 등록이 되지 않아 공식적으로 난민 자격도 부여 받을 수 없다고 한다. 그들은 지금도 1949년부터 미얀마 정부에 맞서 독립운동을 해 왔지만, 수십 년에 걸친 분쟁 속에서 숫자도 많이 약화되었다고 한다.

그들의 전통생활양식은 독특했다. 카렌족의 의상은 색깔이 화려했다. 목이 길어야 미인으로 대접받는 상황에서 여자들은 목에 줄줄이 놋쇠 고리를 채우고 있다. 관광객들은 이들의 특이한 풍습과 용모가 신기하여 사진을 찍지만 참으로 얼마나 갑갑할지. 심지어 어린 아이들도 동일한 모습이었다. 내가 그 지역을 방문하여 처음 인사를 나눈 아주머니는 입이 온통 빨갰다. 그들 특유의 어떤 식물을 씹는다는데 이빨까지 진빨강색이어서 놀랍고 무서웠던 기억이 난다. 악수를 할 때는 왠지 모를 두려움이 생겼다. 혹시 무슨 병이 있어서 옮겨지면 어떡하지? 하는 마음이었다.

카렌 족 선교를 시작한 것은 이렇다.

추장이 몹시 아팠을 때, 한국의 선교사님께서 안수해 주셨다고 한다. 그런데 하나님의 은혜로 나음을 받고 그 지역에 복음을 증거할 수 있는 길이 열리게 되었다. 우리가 간 때에 '예수축제'가 열렸다. 이곳저곳에서 2시간 이상을 걸어 예배를 드리러 모였다. 여자들은 쌀가루를 빻아 얼굴에 화장을 하얗게 하고 참석하였다. 또한 먹을 것이 부족한 지역에서 축제의 날엔 돼지를 잡는데 그 날은 수많은 동네 사람들이 먹기 위해 장사진을 친다. 찬양과 더불어 예배를 마친 후에는 기도 받으러 줄줄이 서있는 모습도 보았다.

한국의 선교사를 통하여 산골짜기 밀림지역의 소수민족에까지 복음사역을 이루시는 모습을 접하며 참 신기하고 영광스러웠다. 긍휼히 여기는 마음이 여기까지 오게 했을 것이다. 이것이 선교역사인 것이다.

오는 길에 다른 부족인 '라후족'도 돌아보았다. 이 부족은 우리 민족처럼 색동저고리를 입고, 언어도 우리와 비슷한 단어들을 사용한다고 들었다. 그래서 혹자는 한민족이 이곳으로까지 넘어오지 않았는지 연구한다는 이야기를 했다.

치앙라이Chiang Rai에서

:

태국의 북쪽은 열악하지만 기후가 좋아서 사람들이 살기가 좋은 곳 같다. 우리는 20여년 만에 학생들과 "Mission Trip"을 치앙라이로 오게 되었다.

우리 모임에서 최초 태국선교사로 헌신하였던 분이 여러 우여곡절 가운데 다시 치앙라이에서 사역하게 되어 방문 차 학생 10여명과 함께 오게 되었다. 우리는 여러 상황도 알아보면서 선교일정을 소화하며 뜻깊은 시간을 보내게 되었다. 잊지 못할 값진 일들 몇 가지를 간단히 나누고자 한다.

먼저는 치앙라이에 위치한 아름다운 메파루앙대학에서 전도모임을 진행하였다. 이 대학은 한국과 글로벌 교육협력을 맺은 곳이기도 하다. 우리는 두 명이 짝지어 5팀으로 나누어 전도하였다. 그리고 저녁에는 식사에 초대하여 교제를 나누고 복음 안에서 친교의 시간을 가졌다. 중국에서 그랬듯이 새로 전도되어 오는 학생들이 있다는 것이 신기했다. 일회성으로 그치기 때문에 좀 아쉬움이 있지만 우리 학생들도 외국인들을 전도하면서 훈련도 되고, 태국 학생들에게도 좋은 시간을 선물하게 되었다.

또한 국립대학인 '라짜팟 대학'의 영문과 학생들 모임에 초청받아 20여명과 복음을 제시하는 시간도 가졌다. 물론 영어로 준비한 복음 제시는 읽는 차원에서 이루어졌다. 아쉬운 것은 언어의 한계를 절실히 느꼈다는 점이다. 태국 학생들이 영어에 있어서는 우리보다 앞선 것 같았다. 그래도 우리는 우리 특유의 바디랭귀지와 미소로 복음의 통로로서 역할을 수행하기도 했다.

두 번째로 무언극의 효과를 들 수 있다. 우리는 선교여행을 떠나기 전 찬양과 스킷 드라마를 준비했다. 그 무언극은 '뮤지컬처럼 음악을 틀어놓고 주인공이 사단에 의해 도박과 외모 등 꼬임을 받는다. 주인공은 이 모든 유혹을 뿌리치고 예수님의 도우심으로 승리한다.'는 내용으로 구성되어 있어 말을 하지 않아도 느낌이 있는 공연이다. 준비한 스킷 드라마로 가는 곳마다 공연을 하게 되었다. 교회가면 교회에서, 가정집에 초대받으면 가정 집 마당에서, 심지어는 중국 '장족'이란 부족의 동아리 모임이 있었는데, 대학 내에서 한국과 태국의 친선모임처럼 만나 계단식 노천극장에서 무언극을 공연하기도 했다. 약 60~70명 정도는 모인 것 같았다. 특히 장족들은 '게이'가 많다고 들었는데 이들에게 까지 복음을 온 몸으로 증거 할 수 있었음이 얼마나 감사한 일인지 모른다.

세 번째로 대학 교내 방송국에서 설교하고, 한국선교사가 태국어로 통역하는 영광도 누렸다. 그 방송은 교내 방송이지만 미얀마 국경까지 전파된다고 했다. 무슨 말씀을 했는지 기억은 없지만 외국에서 방송으로 복음을 증거 할 수 있었음도 놀라운 경험이었다. 그 외에도 대학생 복음운동을 하는 단체에서 '그룹모임을 어떻게 인도해야 하는가?'라는 주제로 강의도 하면서 정말 짧은 시간이었지만 바쁘고 뜻깊은 모임을 진행하고 오게 되었다. 어떻게 이러한 일들이 가능했고 차질 없이 진행될 수 있었을까? 신기하고도 놀라운 선교 여행이었다. 기도로 준비한 우리와 함께 하시어, 축복의 통로로 영광 받으신 것이 분명하다.

우리는 지금도 그때 그 일들을 이야기하며 감사하고 하나님께 영광을 돌린다. 훈련된 제자가 있고, 선교의 비전을 가지고 순종하는 자들이 있는 한 하나님은 일하신다. 우리는 짧은 시간 복음을 증거하는 통로로 살았지만 성령께서 어떻게 역사하셨을지는 모르는 일이다. 우리는 앞으로도 우리에게 주신 은사를 따라 믿음으로 순종하여 하나님께 쓰임 받기를 바랄뿐이다.

"기록된 바 아름답도다. 좋은 소식을 전하는 자들의 발이여 함과 같으니라."(롬 10:15)

참된 영성spirituality

✚　　　우리는 사람을 평가하면서 이런 말을 한다. "이 분은 영성이 있는 것 같지?" 그러나 "저 분은 화려한데 좀 그래" 하면서 영성의 정도를 표현한다. 세계적인 미래학자요, 1980년대 서점가의 큰 파장을 일으켰던 『제3의 물결』의 저자인 앨빈 토플러Alvin Toffler 는 "제5의 물결은 영성이 문제"라고 지적했다. '영성'이란 무엇일까? 모든 종교는 나름대로 영성을 가지고 있고 또한 영성을 추구하고 있다. 불교는 불교의 영성이 있고, 동서양의 신비종교도 모두 영성을 가지고 있다. 무당들도 영성이 있다. 그런데 기독교에서 말하는 크리스천의 영성이란 무엇을 이야기 하는 것일까? 현대 사회의 화두는 분명 '영성'에 관한 것이다. 단언할 정도로 오늘날 영성에 대한 관심은 극대화 되어있다.

그럼 무엇 때문에 오늘날 우리가 사는 세대에 '영성'이 부각되고 있는 것일까? 최고의 과학의 발전을 목도하면서 모든 물질문명을 누리는 상황이지만 행복지수는 예전보다 못하다. 오히려 황폐하고 반인간적인 행태가 심화되고 계속 양산되는 상황일 뿐만 아니라 생명의 소중함조차 위협을 느끼고 있기 때문일 것이다. 그리하여 참된 영성만이 병든 사회를 건강하게 만들 수 있다는 희망으로 영성이 중시되고 있을 것이라 생각된다. 또한 지구와 환경의 훼손을 보면서 두려운 나머지 해결되지 않는 많은 문제를 새로운 영성만이 해결책이라고 생각하는 것이 아닐까? 사람이 사람답게 살아가는 것, 진정한 바른 영성만이 해결책이라고 믿는 것이라 말할 수 있을 것이다.

필자는 TV에서 좋은 영화로 선정된 작품 〈위대한 침묵〉Into Great Silence을 소개하는 것을 보았다. 볼만한 영화라 했기 때문에 기억해 두었다가 시간을 내어 간사들과 함께 어렵게 영화관을 찾아서 기대감에 한껏 부풀어 소개한 영화를 보았다. 영화가 시작되고 조금 지나자 한쪽에서 코고는 소리를 들을 수 있었다. 그만큼 어찌 보면 지루하고 긴 영화였다. 누군가 말한 대로 "영성이 너무 커서 정신 차리지 않으면 졸기 쉬운 영화"였다. 영화의 내용은 이렇다.

해발 1,300m 알프스산맥 깊숙이 위치한 카르투지오The Carthusian Order 이야기이다. 이곳은 수도자들 대부분이 봉쇄된 공간에서 침묵생활을 하며 오로지 하나님만을 응시하며 자신을 온전히 봉헌하고자 노력한다. 생활은 자급자족으로 이루어지며 방문객도 없이 지내는 침묵 수도회이다. 필립 그뢰닝Philip Groning 감독은 이 수도원을 촬영하고자 1984년 요청했는데 응답을 받지 못하다가 1999년에야 허락을 받았고, 그것도 오직 감독 홀로 카메라를 가지고서 완성한 다큐멘터

리로 제작했다.

오로지 새소리 물소리 바람소리만이 있는 곳, 매일 반복되는 미사와 아침기도, 저녁기도, 개인 방에서의 묵상, 독서 등의 모습이 주를 이루고 있다. 이 영화는 수도자들의 영성을 영상으로 그려낸 독특한 영화다. 누군가 '침묵 속에서만 들을 수 있고, 입을 다물어야만 비로소 알 수 있는 영화'라 표현했다.

영성이란 바로 이 영화와 같은 것일까? 물론 내면적인 마음의 정화 측면에선 이보다 좋을 순 없을 것이다. 그렇다면 은둔생활로 규정지어질 수 있는 수도원 생활로 이 사회의 어두움을 어떻게 해결할 수 있으며, 이 어려운 고행의 길을 걸어 갈수 있는 자도 소수일 텐데, 이 길만이 '바른 영성'이라고 표현하기는 좀 억지 같다.

세계복음주의의 거장이자 지성인들에게 존경받는 프란시스 쉐퍼 Francis A. Schaeffer, 1912-84는 '참된 영성'이란 "내적으로 확실한 실재를 들추어내면서 외적으로 확실한 표현이 있어야 한다."고 말했다. 그렇다. 참된 기독교의 영성은 균형을 이루어야만 한다. 기독교의 '뒤틀린 영성'靈性이 악영향을 너무 끼쳐 욕을 얻어먹는 시점에서 하나님과 신비하고 신령한 관계를 맺는 것에서 끝나지 말고 실제생활에서 사람들을 사랑하고, 섬김으로, 하나님에 대한 사랑과 신앙을 실천해야 '참된 영성'이라 할 수 있을 것이다.

소위 신앙이 좋다는 분들의 삶이 너무 치우쳐 실망스러운 점을 발견했다면 먼저 우리 자신이 크리스천으로서의 정체성을 바로 해야 할 것이다. 기독교는 내세와 영적 가치를 중시하지만 현재의 삶에서 그 믿음이 실천되어야 한다. 과도하게 영성만을 갈망하여 신비주의에 몰입되거나 주관주의에 빠지는 것은 바람직하지 않다. 신약의 예수님의 모습은 일상생활에서 우리에게 좋은 모델을 제시한다.

바른 영성을 가진 자가 사회에서 영향력 있는 리더가 되어야 시대도 소망이 있다. 말과 행실에서 일치를 나타내는 자가 공동체를 이끌 수 있어야 힘이 있고 신뢰를 얻게 되며 권위가 부여될 것이다.

당신이 속한 공동체는 어떠한 영성이 목소리를 내고 있는가? 살아있는 공동체는 참된 영성의 제공자가 될 뿐만 아니라 도덕적인 권위도 가져야한다. 지식만 내세우는 공동체는 상처를 주기 쉽지만 관계 속에서 사람을 살리고자 노력하는 공동체가 건강한 영성을 소유한 곳이라 할 수 있다.

9

세계선교
현장 이야기

하나님은 가난한 대학생복음운동을 하는 나에게 오대양 육대주를 다니도록 하셨다. 이것들 대부분은 나의 계획이 아니라 앞서 인도하시는 성령 하나님의 인도하심이었다. 이 모든 것을 나누고 싶은 생각이 많으나, 지루할 수도 있어 가장 기억에 남는 선교지에서 있었던 일들을 기록하고자 한다. 바로 잉카의 왕국, 페루와 세계의 심장부 인 미국이 그곳이다.

잉카의 제국, 페루

:

　남아메리카의 중부 태평양 연안에 있는 세 번째로 큰 나라는 15세기 잉카제국이 탄생한 곳, 페루이다. 1532년 스페인의 지배하에 있다가 1821년 산마르틴 장군이 위대한 독립을 이룬 곳이다. 군사정권에서 민정체제로 전환되고 부정과 비리로 물의를 일으키고 있어 지성인들은 페루의 장래를 염려하는 자들이 많다.

　페루는 한반도 면적의 6배로, 남한의 13배이지만 국토의 대부분이 한류와 고도의 영향으로 생활과 환경이 열악하다. 그렇지만 자원만큼은 풍부하다. 내가 본 페루 사람들은 키도 작고 얼굴도 거무스름하게 생긴 생김새가 한국의 어느 산골 사람들 같이 친근감을 가지게 한다.

　내가 페루를 방문한 때는 미국에서 안식년을 보내고 있을 때였다. 마침 한국에서 선교여행 차 두 사람이 방문하여 우리는 선교여행지를 과테말라를 돌아보고 페루 방문을 목표로 하게 되었다. 모두 인상 깊었지만 페루의 수도, 리마에서 있었던 일과 안데스 산맥이 있는 잉카제국의 도시, 쿠스코를 나누고 싶다.

리마_{Lima}에 도착하다

:

2007년 10월 17일 페루의 수도, 리마 공항에 도착했다. 나오자마자 전면에 크게 광고된 '삼성' 간판이 확 들어왔다. 삼성은 세계적 기업임을 실감할 수 있었다. 남미까지 진출하여 우리를 반겨주니 괜스레 우쭐한 마음이 들어서 마중 나온 현지 분들에게 한마디 했다.

"삼성 광고가 멋지네요. 한국 기업이에요."
"그래요? 난 일본 회사인 줄 알았는데요."

페루의 수도, 리마는 해안 사막기후라 비가 일 년 내내 오지 않는다고 한다. 온 도시가 뿌옇고 먼지가 많고 건조한 환경으로 사람살기가 좋지 않다. 요사이 미세먼지로 고생하는 한국의 뿌연 하늘을 상기시킨다. 스페인이 침략하였을 때 페루에서 가장 좋지 않은 장소, 리마를 소개했었는데 그곳이 지금의 수도가 되었다고 한다. 당시 식민지 지배 관계로 있을 때, 리마는 태평양 연안지역이라 배를 타고 온 유럽인들이 침략의 기지로 삼기에는 유리했을 것이다. 그후 리마는 산업과 경제의 중심지로 성장하여 지금은 전 인구의 1/3이

리마에 거주하고, 계속하여 사람들이 새로 유입되어 거대도시가 되었다고 한다.

우리는 산 마르코스 국립대학교 근처의 센터에 머무르게 되었다. 그곳은 페루 대학을 개척하기 위하여 한국에서도 모금을 했고, 미국에서도 후원하여 아담한 건물을 지니고 있었다. 그곳에서 우리는 쉽게 페루 대학생들을 접할 수 있었다. 언어는 생소한 스페인어를 사용해도 우리는 눈빛과 행동으로 그들의 사고방식을 이해할 수 있었다. 더 나아가 그들이 신앙을 갖게 된 영웅담도 들으며 오래 전에 만난 적이 있는 사람들처럼 한마음으로 즐거운 생활이 시작되었다.

그곳에 짧은 기간 머물렀지만 페루를 더 깊이 이해할 수 있는 상황이 일어났다. 우리가 도착한 이틀 후는 주일이어서 예배를 드려야 했다. 우리는 일찍 예배를 준비하고 기다리는데 분위기가 좀 이상했다. 마침 그날은 인구센서스를 실시하는 날이기도 했다. 일요일에 인구통계를 실시하는 것도 색다르긴 했지만 특이한 것은 모든 교통수단이 중지되어 사람들이 다닐 수 없게 된 것이다. 온 도시가 적막에 쌓였고 물론 예배도 드릴 수 없는 상황이 된 것이다. 저녁 6시쯤 해제가 되었는데 그 늦은 시간에 우리는 모여 예배를 드렸다. 이것이 페루 캠퍼스 복음운동의 비밀이자 저력이었다. 신앙에 최우선권을 두고자 힘쓰는 곳에 하나님 나라는 건설되고 있음을 실감하게 하였다.

산 마르코스 국립대학교_{Universidad nacional Mayor de Marcos}에서

:

    산 마르코스 국립대학교는 남미에서 가장 오래된 고등 교육시설이다. 이 대학은 페루에서 가장 유명한 학교로 페루에서 정치를 하고자 하면 이 대학을 필수적으로 다녀야만 가능하다는 이야기를 들었다.

    이 대학을 우리가 개척하게 된 것은 일찍이 시카고에서 사업하시던 분이 자기 나라로 돌아가 대학생 복음운동을 시작하였는데 바로 이 대학을 중심으로 하였다. 이제는 성장하여 센터까지 지니게 되었다. 우리는 이곳에서 페루 사람들의 생활양식을 접하고 또한 많은 대화를 할 수 있었다. 언어는 달라서 한계적인 것이 많았지만 사랑의 눈빛과 짧막한 영어, 스페인어 통역으로 우리가 그리스도 안에서 피를 나눈 한 가족임을 확인하기에 충분했다. 그들의 식사 형태도 우리 한국인들처럼 밥을 즐겨 먹었다. 치킨과 밥을 좋아하여 대학생들이 주식으로 즐겨 먹는다고 한다. 정말 치킨은 만국 음식이다. 어디를 가더라도 식사하기가 어려우면 치킨을 시키면 되기 때문이다.

    리마에서 잊을 수 없는 감동은 산 마르코스 대학에서 강의를 하게 된 것이다. 지구 반대편에서 성경을 가르치는 일에 전념한 선생들이 자기 나라를 방문한다는 소식을 듣고, 그 학교에 재학 중인 학생들이 세미나를 계획했다. 대부분 경제학부에 속한 학생들이 많았는지 '경제학관' 강당을 빌리고 포스터까지 미리 준비하였다. 당시 리더들의 영향력이 어느 정도인지 실감할 수 있는 기회였다. 통일된 주제는 '경제'였다. 나의 강의 제목은 '경제와 윤리'Economia y Etica, 주제가 정해져 있었다. 나는 한국의 크리스천 기업인 '이랜드' 신화를 예로 들어서 뇌물과 접대를 하지 않고도 정직과 섬김의 정신으로 사업을 성공할 수 있으며 이 땅에 정의를 실현할 수 있음을 강의했다. 더불어 하나님 나라 통치 구조를 간접적으로 나누기도 하였다.

당시 강의실에 120여명의 학생들이 참석했고, 포럼처럼 자리를 마련했는데 우리 강사들과 더불어 양 옆에는 부학장, 아시아 담당교수 등 다수가 참석하여 우리의 강의를 경청했다. 반응도 꽤 좋았던 것으로 기억된다. 통역은 한국어를 영어로, 영어를 스페인어로 삼중 언어로 이루어졌다. 그 당시만 해도 동양권과 교류가 많지 않은 때였는데, 조그만 나라 한국에서 온 복음운동가들이 경제 전문가처럼 경제학도들 앞에서, 교수들 앞에서 여러 주제를 강의한 것을 생각하면 부끄러운 생각이 들지만 이 모든 것이 하나님의 은혜로 가능했던 일이었다. 한국이란 나라가 자원도 없는데 급성장한 모습이 그들에게는 연구 대상이 되었던 것 같다.

모임을 마친 후에는 페루의 전통 춤도 공연하고 다과도 준비하여 감동을 자아내게 하였다. 특히 모임을 마친 후에는 한국과 연계하여 사업을 자문 받기 위해 상담을 요구하는 사건까지 발생하였다. 더 나아가 학교 측에서는 이 강의를 들은 학생들에게 부학장의 지시로 4학점을 부여한다는 소식을 듣게 되었다. 이미 우리는 시카고행 비행기를 타기 위해 리마 공항에 도착하여 섬겨주신 분들과 환담을 나누고 있던 상황이었다. 우리는 돌아오는 비행기를 타기 직전까지 참석한 학생들의 명단에 사인을 정신없이 했던 기억이 난다. 이 어찌 된 일인가! 한 번도 생각해 보지 않은 기적 같은 일이 일어난 것이다. 박사도 아니고 경제학을 공부하지도 않았지만 페루의 최고 국립 대학교 경제학관 강당에서 꽉 들어찬 경제학부 학생들에게 기독교적 경제 가치를 강의 할 수 있는 특권이 주어졌다는 자체를 무엇이라고 설명할 수 있을까? 삼중 언어로 통역을 했기에 시간이 짧아서 다행이지 길었다면 실력이 드러났을 것이 분명했을 것이다. 하나님께 영광을 돌릴 뿐이다.

　센터에서 많은 형제들을 만났는데 그 중에 잊을 수 없는 졸업생이 생각난다. 러시아 혁명가로 마르크스주의를 발전시킨 사상가와 이름이 같았다.

　"이름이 레닌입니다."

"정말이에요?"

"저는 이름 그대로 예수님을 알기 전 지독한 공산주의자였습니다. 저의 아버지도 물론 공산주의자입니다. 대학시절에 예수 그리스도의 복음을 영접한 뒤 내 인생이 완전히 바뀌게 되었어요."

레닌은 캠퍼스 복음운동의 중심에 서서 헌신적으로 봉사하고 있었다. 우리가 도착한 날도, 떠나오는 날에도 회사에서 월차를 받아 우리를 영접하고 보내주는 아름다운 사랑을 보여주었다. 졸업 후에도 사회에 흩어져 직장생활을 하고 있었지만 변함없이 캠퍼스 복음운동의 중심에 서서 후배들을 지지해 주는 모습이 감동스러웠다. 예수 그리스도 복음의 생명력은 시공간을 초월하여 뿌려지면 열매를 거두고 영향력을 발휘하고 있음을 증명해 주었다.

마추픽추 _{Machu picchu}

:

   페루의 선교지를 방문한 우리에게 한 가지 제안을 했다. 또 다시 페루를 온다는 것이 쉽지 않을 테니 '마추픽추'를 다녀오라는 것이다. 그때 그분의 뜻을 받아들이고 따른 것이 그 유명한 잉카제국을 만나는 계기가 되었다.

   마추픽추를 가기 위해서 꼭 거쳐야하는 곳이 '쿠스코'_{Cuzco}이다. 쿠스코는 '쿠스코 족'을 지칭하였고, 그들 전체를 일컬어 '잉카'라 부른다 했다. 가장 기억에 남는 것은 쿠스코의 날씨가 한국의 가을처럼 하늘이 높고 시리도록 맑고 아름답다는 것이다. 또한 충격적으로 다가온 것은 한국에서 자취를 감추어버린 자주 빛의 '티코'가 그곳에서 공공택시로 운영되고 있었다는 사실이었다. 이 사실은 단편적으로 한국과 페루의 무역을 짐작케 하였고, 반가움과 더불어 묘한 감정이 교차되어 밀려왔다.

   이러한 감동도 잠깐 뿐, 삼천 미터가 넘는 고지대여서 산소 부족으로 두통이 심하고 구토가 나며 숨을 쉴 수가 없는 고산병이 찾아와 시달려야 했다. 코카 잎 차가 고산병에 효과가 있는지 숙소에 도착하자 두 잔을 마셨는데 기운이 하나도 없고 호흡하기가 여전히 불편하였다. 도착한 날 밤은 한 숨도 잘 수가 없었고 그냥 돌아가고 싶다는 생각만 했던 기억이 난다. 이렇게 무식하게 아무 준비 없이 올 수가 있는가! 아무런 정보 또한 없었다. 지금처럼 스마트 폰이라도 있었더라면 '네이버에 물어 볼 텐데… .' 무식한 고생을 내내 하였다. 단지 나는 힘든 이유가 나이 들고 체력이 바닥나서 그런 줄로 알았다. 죽지 않고 살아서 온 것이 행운이었다.

비행기에서 내려 숙소로 와서 짐을 풀었을 때 모든 제품들이 풍선처럼 바람이 팽팽하게 들어 있었다. 화장품도 그랬고 샴푸도 그랬다. 태어나서 이런 일은 처음 겪었다. 상식적으로 고산지대에서 발생할 수 있는 것들을 생각할 수가 없었다. 단지 나의 체력을 탓하며 괴로움을 견뎌야만 했다. 우리는 쿠스코에 대한 여행 계획을 세워 본 적이 없다. 정보 또한 전혀 없었다. 페루까지 왔으니 평생 가볼 수 없는 마추픽추를 권하여 얼떨결에 결정하여 온 것이기 때문이다. 나는 쿠스코 지역의 유명한 여러 곳을 방문했지만 청명한 하늘과 좁은 돌길 외에 아무런 기억이 나지 않는다. 커다란 성당을 이곳저곳 둘러보며 사진도 찍었지만 두통과 매스꺼움으로 적응조차 힘들었던 기억뿐이다. 그런데 고개를 돌려보니 그곳의 청년들은 넓은 마당에서 상당수가 모여 동네 축구를 하고 있었다. 걸어 다니는 것도 힘들어 고통스러워하는데 반해 축구공을 차는 모습들이 한없이 부럽고 놀라웠다.

다음날, 안데스 산맥을 따라 마추픽추를 가는 길도 험난했다. 아침 6시에 기차를 타고 4시간을 가게 되는데 기차는 출발점부터 꽤 급한 경사여서 기차가 지그재그로 올라갔다. 차장 밖으로 보이는 주위의 풍경은 고즈넉하게 아름다웠다. 시골 전원마을을 지나는 것과 같았다. 기차 안에는 우리 동양사람 3인을 빼면 모두 백인들이었다. 그들은 모두 들떠 있고 상기된 표정이었다. 그런데 나는 이러한 상황을 즐길 수가 없었다. 두통과 멀미로 화장실을 수없이 오가며 토하고 있었기 때문이다. 같이 동행한 한 사람도 괴로워했다. 마추픽추 여행길은 고생길이었다. 기차에서 내려서 다시 버스를 타고 30분 이상 굽이굽이 정상을 향해 올라가야 했다. 그리고 다시 조금 걷다 보면 곧 신비로운 세계가 그림처럼 펼쳐진다. 2,400m의 잉카 유적지! 마추픽추가 웅대한 자취를 드러낸다. 사진으로만 보아왔던 도시가 눈앞에 펼쳐진 것이다. 어떻게 이 높은 고지에 도시가 있을 수 있는가! 발달된 교통수단을 통하여서도 올라오기가 이렇게 힘든데… 어떻게 이 많은 돌들을 어디에서 가져왔을까? 신비하고 탄성이 절로 나오게 된다. 세계 7대 불가사의 건물이 될 만하구나.

우리는 신비의 고대 도시를 보기 위해 이 힘든 여행을 했다. 과거 안데스를 중심으로 에콰도르, 볼리비아, 칠레 북부까지 아우르며 지배하였던 광대한 잉카제국의 기개에 동참해 보는 기회였다. 오늘날 마추픽추는 조상들 덕에 수많은 관광객을 유치하고 관광자금을 벌어들이고 있는 장소이기도 하다. 또한 한 때 한국에서도 유행한 알파카 코트와 여러 제품을 저렴하게 구입할 수 있는 곳이기도 하다. 그러나 그 화려한 잉카제국의 명성도 사라졌다. 세계를 호령했던 바벨론이나 알렉산더 제국도 사라졌다. 현재 부귀와 영화를 자랑하던 인생도, 나라도 다 사라질 것이다. 세상에서 영원한 것은 오로지 말씀 밖에 없음을 상기시켜 주면서 복음성가 가사가 중얼거려졌다.

"손에 있는 부귀보다 주를 더 사랑하는… 잠시 머물 이 세상은 헛된 것들뿐이니 주를 사랑하는 마음 금보다도 귀하다."

또한 다윗의 아들 솔로몬은 전도서에서 이렇게 말씀한다.

"헛되고 헛되며 헛되고 헛되니 모든 것이 헛되도다 사람이 해 아래서 수고하는 모든 수고가 자기에게 무엇이 유익한고 한 세대가 가고 또 한 세대가 오지만 땅은 그대로 있다"(전 1:2-4) 아멘.

"미국 : 로마도 보아야 하리라"

:

예수께서 활동할 당시에는 로마가 세계를 제패하던 시절이었지만 오늘날은 미국이 주도권을 가지고 있다. 경제 대국일 뿐만 아니라 정보와 기술의 측면에서 어느 나라도 따라 갈 수가 없기 때문이다. 세계에서 세 번째로 큰 나라이고 아메리카인이라고 할 만한 인디언 원주민이 있지만, 미국인이라 하지 않고, 여러 다양한 출신의 인종으로 구성되어 이루어진 이민자들의 나라라고 규정하는 것이 옳을 것이다. 신대륙을 발견한 청교도들에 의하여 영국계 백인들이 주도적으로 영향력을 미치고 있는 것이 사실이지만, 그 외에도 유색인종으로 소수의 민족들이 자리하고 있다. 이곳에 한국계 미국인들도 자리하고 있다.

우리가 대학을 다닐 때만해도 '아메리카 드림'이 상당했다. 한국이 전쟁으로 살기가 힘들었을 때 미국으로 가면 돈을 많이 벌어 성공할 수 있다고 '도미'가 꿈인 사람이 많았다. 물론 그들에 의해 LA에 '코리아타운'이 생기기도 했다. 초대교회 사도바울이 에베소에서 성공적인 복음역사를 이루고 갔던 곳이 "로마"라면, 21세기를 사는 나도 세계의 중심부인 미국에 발을 내딛게 되었다.

어바나 대회

:

내가 미국을 가게 된 것은 1990년 '어바나URBANA 대회'를 참석하기 위한 것이었다. 선배 목사님께서 배려하여 추천하였기 때문이다. 이 대회는 세계에서 가장 큰 복음주의 단체의 국제학생수양회IFES 였다. 지금에야 한국에 '선교한국'집회도 있고, 각 대륙에 '코스타 집회'도 있지만 그 당시에는 이 학생수양회가 전부였다. 사실 오늘날 진행되고 있는 큰 집회들은 어버나 수양회를 본 따 만든 것이라 해도 과언이 아니다.

시카고에서 3,4시간 정도 떨어진 샴페인지역의 '일리노이Illinois 대학' 에서 개최되는데 약 2만 명 정도가 모인다. 거의 백인들이 주류를 이루고 있어 그들의 문화에서 '볼거리 배울거리'가 많은 컬러풀한 수양회이다. 언제나 3년마다 열리는데 한 해를 마무리하는 마지막 주에 개최된다. 날씨가 엄청 춥지만 신앙의 뜨거운 열기로 이겨내기 충분하다. 한 해를 마치는 자정에 성찬식으로 마무리 하는 것이 특징이다.

어바나 대회에 참석하여 가장 인상 깊었던 것은 내가 그 집회에 참여했을 때 '애더 럼'Ada Lum 간사가 은퇴 시기의 연세이신지 간사를 마무리하면서 말씀하셨던 기억이 난다.

"이제는 여러분이 제 몫까지 일해야 합니다."

당시 애더 럼 간사는 하와이에서 태어난 중국계 미국인으로 결혼하지 않은 여성사역자로 전설적인 인물이었다. 나도 믿음의 선배들이 말씀하셔서 익히 들었는데, 그곳에서 육성으로 말씀을 들었던 권고가 30여년이 되었는데도 생생하게 기억난다. 그런데 바로 이 글을 쓰는 내가 바로 애더 럼 간사와 같은 시점이다. 세월이 얼마나 빠른지 실감한다. 나는 은퇴하지 않고 영원히 사역할 것처럼 생각하고 다녔기 때문이다. 그러나 나이에는 어떠한 사람도 장사가 없다.

당시 미국에 가려면 '비자'가 문제였다. 비자를 만들려면 조건이 까다롭다. 재정 확보가 되어 있어야 하고, 결혼하지 않은 여성은 영구 거주할 수 있어 더 어려웠다. 선배 간사들도 미국에 들어가려다 거절당하는 것이 흔했다. 그런데 나에게 5년 비자가 허락되었다. 공식적으로 신뢰할 수 있는 집회 참석이어서 가능한 일이 아니었는가 생각한다.

미국 가는 길은 너무 멀었다. 처음이라 여러 호기심으로 재미도 있었지만 민감한 나는 비행기 내에서 한 잠도 자지 못하고 좁은 자리에 앉아 뒤척이면서 긴 시간을 보내야 하는 고생길이었다. 여러 번 다닌 지금도 미국 가는 길은 힘이 든다. 과학이 발전했는데 왜 비행기를 만들고 그 이상은 만들지 않나? 생각해 보기도 한다. 좀 빨리 가는 길 말이다. 뒤척이다가 도착한 곳은 시카고 공항이었다.

시카고는 우리 미국 복음역사의 중심 센터 역할을 하는 곳이다. 먼저 온 선배들의 눈물과 희생으로 이어온 터전이 있다. 시카고는 남다르게 느껴진다. 이유는 대학의 선배이기도 하고, 신앙의 선배로 카운셀링 해준 분들이 계시기 때문인 것 같다. 시카고 ESF는 현재 다민족 선교를 하고 있지만, 그 당시에는 한국의 1.5세대들을 대상으로 유학생 선교를 하고 있었다. 많은 유학생들이 위안을 얻고, 교제를 하는 곳이었다. 훗날 담당 간사님은 미국에 온 목적이 한국인 선교를 위함이 아니라 외국인들을 대상으로 "땅 끝까지" 복음의 증인이 되고자 함이었음을 인식하고 선교방향을 바꾸셨다. 그의 비전대로 시카고에 유학 온 많은 분들에게 비전을 심어 남미를 비롯하여 각 곳에 대학생 선교사역들이 일어나고 있다. 인도, 필리핀 등 아시아를 넘어 아프리카 베넹까지 시카고에서 훈련받은 일꾼들이 파송받아 사역이 이루어지고 있다. 나는 안식년에 남미에서 사역하는 몇몇의 장소를 돌아볼 수 있는 기회를 가지기도 했다.

어바나 수양회를 마친 후 나는 한국에서 사랑으로 양육한 자들이 부푼 꿈을 안고 유학하고 있는 곳을 돌아볼 수 있었다. 그들을 만나면서 재미있는 일화도 있다. 먼저 플로리다 대학에서 박사 학위를 위해 공부하는 가정이 있었다. 한국에서 이 가정의 아이를 위한 선물을 준비해 왔었다. 그런데 아뿔싸… 미국이 지역에 따라 날씨 차이가 많은 것을 모르고 겨울옷을 준비했었다. 플로리다에 도착하니 여름이었다. 나도 여름옷을 가지고 오지 않아 그의 아내한테 빌려서 입을 뿐만 아니라 선물로 가져간 아이 옷도 문제였다. 그래도 어쩌겠는가! 선물인데…

도착한 날, 그 밤이 너무 더워 난방기가 켜져 있는 줄 알고 일어나서 찾았던 기억도 있다. 너무나 크고, 다르고, 다양한 나라였다.

그 뿐 아니었다. 텍사스 오스틴에서 박사학위를 공부하던 다른 가정도 방문했는데 그곳은 봄처럼 비가 부슬부슬 내리는 것이었다. 참으로 신기한 경험들을 날씨 한 가지만 가지고도 할 수 있었다. 그래서 미국 사람들은 여러 인종차이들 뿐만 아니라 날씨까지 지역에 따라 다른 다양성 가운데 살고 있기에 서로를 존중하며 개인의 차이를 잘 인정하는 것이 아닌가? 생각해보기도 했다. 한국에서 자란 사람들에게는 절대 이해가 안 되는 영역이었다.

안식년

:

　내가 30년 째 목자생활을 하던 어느 날, 졸업한 이사 한 분이 찾아와 안식년을 제안하셨다. 가난한 학생운동가로서 안식년이라니… 이렇게 기쁠 수가 있는가! 당시 나는 갱년기가 되어 온 몸에 이상 징후가 나타나 고민하고 있었던 때이기도 했다. 그래서 미국행 여행 비자가 있어 빨리 준비하여 쉬고자 떠났다.

　지역을 어느 곳으로 할지 고심하다가 그래도 대학 때부터 제자로 양성한 우리 믿음의 식구가 있는 곳을 선택하였다. 영적으로도 도와주고 도움도 받으면서 쉬고 싶었다.

　그곳은 펜실베니아 랭커스터였다. 남북전쟁 당시 단 하루 동안 수도이기도 한 곳이다. 한국인들도 별로 없기 때문에 한국인 식당도 없고, 한국 식자재를 구입하려면 차로 한 시간 반을 달려 필라델피아까지 가야 했다. 날씨는 얼마나 추운지 봄이 되었는데도 4월에도 눈이 내렸다. 정말 긴 겨울이었다. 지나고 보니 많은 사람들이 펜실베니아로 간다 했을 때 반대한 이유를 알 것 같았다. 그래도 나는 쉼을 가지면서 자유롭게 하고 싶은 것을 할 수 있다는 것이 좋고, 믿음의 가정과 같이 하는 것도 좋았다. 우리는 매일 아침 형제가 출근하기 전에 큐티를 하며 삶을 나누고 기도를 했다. 그 가정은 미시간에서 박사학위를 하고 그곳의 직장에 다니고 있었다. 믿음의 도움을 받을 곳이 없어 갈급해 하던 때에 나의 안식년은 그들에게도 큰 영적인 선물이었다.

안식년은 말 그대로 휴식이었다. 공기 좋은 주위를 산책도 하고, 컴퓨터로 영화도 보고, 이곳저곳 여행도 다녔다. 특히 가까이에 아미쉬 공동체가 있어 그 주위를 돌아보는 일을 많이 했다. 하는 일은 일주에 한 번 여성들을 위한 프로그램이 'Lancaster Bible college'에 개설되어서 그곳에서 '느헤미야' 강의를 들었다. 들리지 않는 강의를 귀를 쫑긋 세우고 긴장하면서 듣다 분위기만을 맛보고 오는 것이다. 대부분 미국 사람들은 옷차림이 캐주얼하다. 그런데 이곳에 가면 전혀 다른 모습이다. 미국 백인 중년여성들의 상류층 모습들이라 그런지 머리에서 구두까지 맞추어 정장을 하고 온다. 아니면 평소엔 아무렇게나 입고 다니지만 주일에 교회를 갈 때는 정장차림을 입고 나타나는 그들의 문화인지 지금도 모르는 일이다.

또한 침례교회에 출석했는데 규모가 커서 도움을 주는 것들이 많았다. 주일에는 주간에 볼 비디오도 빌리고, 심지어는 외국인들을 위해 영어지원 프로그램도 있었다. 미국의 힘은 "볼런티어에 있다."는 이야기를 들을 적이 있는데 나도 신청하여 도움을 받을 수 있었다. 자원자는 백인 할머니였는데 그분은 정확한 날, 정확하게 약속한 시간 5분 전에 우리 집에 도착하여 벨을 누른다. 그 할머니를 통하여 백인들의 성실하게 봉사하는 모습에 감탄하기도 했다. 나라면 보수도 없는데 그렇게 성실하게 할 수 있었을까? 반문해 보기도 했다.

가까이에는 '밀러스빌Millersville 인터내셔널 학교'가 있었다. 나는 그곳에서 외국인들을 위한 영어 과정을 한 학기 배워보기도 하였다. 15명 정도 다양한 학생들이 배웠는데 영어 선생님은 남미와 인도 영어는 잘 알아듣는데 동양 사람들의 말은 어려워하시는 모습이 이해가 안 되기도 했다. 내게는 인도식 발음이나 푸에토리코 사람들의 말이 훨씬 알아듣기 어려웠다. 이것도 '자주 접하는 사람들이 이해하기 쉬운 법'이구나 생각하게 했다. 그곳은 눈이 많이 오는 곳이다. 한국에서는 그 정도 눈이 왔으면 아무런 문제가 되지 않는데 미국은 조금만 눈이 와도 수업이 결강 되거나 아예 하지 않는 경우가 많았다. 그것도 전화로 알려주는 것이 아니라 TV 맨 윗줄에 알림으로 쓰여 있기 때문에 읽지 않고 학교에 가면 허탕치기 일쑤였다. 안전이 최고인 나라 미국과 과정보다는 결과를 중시하는 한국과는 확연한 차이가 나는 모습이었다.

참으로 시간은 빨리 지나갔다. 그래도 가장 기쁘고 감격스러운 것은 옛날 신앙의 동지들과의 만남이었다. 사람이 나이가 들면 옛날 사람들이 그리워지고, 만나고 싶고, 무엇을 하고 있는지 궁금할 때가 많다. 안식년의 기간에 이러한 궁금증을 해소하는 기회가 되었다. 특히 버지니아 남쪽, 뉴폿뉴스에서부터 차를 몰고 7시간을 걸려 찾아오는 동역자와의 만남은 황홀했다. 다시 그의 집으로 가서 나누는 기쁨은 꿈같았다. 그곳에서 대학교수로 가르치면서 목회 일을 하고 있어 그 침례교 강단에서 말씀을 나누고, 여러 곳을 구경하기도 했다.

또한 워싱턴에 사는 친구 집에 머물면서 나누었던 많은 교제의 시간들도 그렇다. 대학시절 열악한 상황에서 캠퍼스에 복음의 씨앗을 뿌리고자 갖은 어려움을 견디어 낸 우리는 말을 하지 않아도 안다. 그 외에도 너무 많다. 모두 언급할 수 없을 뿐이다.

특히 그곳에 있으면서 알게 된 분의 이야기는 나누어야할 것 같다. 밀러스빌 대학에서 영문학을 가르치는 교수이신데 식사로 섬기는 것을 두 부부가 좋아하셔서 학생들도 섬기시고, 교수들도 초대하시곤 했다. 나도 그의 집에 초대받아 여러 사람들과 대화를 나눌 기회가 많았다. 후에는 '길' 공부로 성경말씀도 나누며 간절한 기도로 나아갔던 시간들이 기억난다. 지금도 한국에 오시면 언제나 연락하며 삶을 나누고 있다. 이곳저곳에서 하나님을 사랑하고 마음이 열린 사람들과 교제하는 기쁨은 무엇과도 바꿀 수 없는 쉼 자체였다.

그런데 10개월쯤 지났을 때였다. 한국의 선배 목자님으로부터 전화가 왔다. 그곳 역사가 어려워져서 빨리 오라는 것이었다.

전화를 마치고 한국으로 돌아갈 준비를 하였다. 지난 10개월의 시간도 귀한 쉼이었다. 이것이 처음이자 마지막 나의 안식년이었다.

청교도 정신으로 세워진 나라, 미국 대통령 취임에도 성경을 손에 두고 취임선서를 하는 나라, 저렴한 패스트푸드와 인스턴트식품 때문에 세계에서 비만 인구가 가장 많은 나라 등 많은 수식어를 달고 있지만 짧은 기간 미국에 거하면서 내가 본 미국 사회는 의외로 보수적이고 평화와 사랑을 실천하고자 노력하는 나라인 것 같았다.

"이 일이 있은 후에 바울이 마게도냐와 아가야를 거쳐 예루살렘에 가기로 작정하여 이르되 내가 거기 갔다가 후에 로마도 보아야 하리라"

(행 19:21)

개척 정신^{The frontier spirit}

✚ 　　　세계 3대 폭포 중의 하나인 빅토리아 폭포_{Victoria Falls}에 대하여 나누어 보고자 한다. '신이 만든 걸작'이라 불리는 이 폭포는 짐바브웨와 잠비아 공화국 국경에 위치해 있다. 현지 원주민들은 '모시오아 투냐'_{Mosioa Tunya}라고 부른다. 해발 90m의 고원에서 흘러내리는 물이 너비 약 1,700m의 폭포로 바뀌어 110~150m 아래로 낙하하면서 5개의 폭포를 이루고 있는데 그 폭포의 웅장한 소리와 멀리서 치솟는 물보라, 안개와 무지개 등 참으로 장엄하고 아름다운 곳으로 아프리카 여행객 중 가장 많은 관광객들이 방문하여 일년 내내 관광객들의 발길이 끊이지 않는 곳이기도 하다.

　나는 보츠와나 한인교회에서 성경학교를 인도하고, 보너스로 국립공원으로 지정한 짐바브웨 쪽에서 이 폭포를 구경하게 되었다. 마침 건기에 해당하는 9월 말인데도 폭포 가까이는 소낙비처럼 물이 튀기 때문에 옷이 젖을 정도였다. 이 폭포를 산책하듯 걸어서 둘러보는데 2시간 정도가 소요되었다. 또한 자연 경관이 너무 아름답고 심심치 않게 나타나는 원숭이들과 이름 모를 새, 나비를 보면서 즐거운 한 때를 보냈다.

이 폭포가 세상에 알려지게 된 사연은 다음과 같다. 아프리카 사람들은 멀리서도 심장이 쿵쿵 뛰는 소리 같은 이 신비한 지역을 두려워했지만, 리빙스턴에 의해 1855년 11월 15일 발견되었다. 그리고 당시 '빅토리아 시대'The Victorian로 통칭되며 '해가 지지 않는 나라'로 불렸던 대영 제국의 최전성기 여왕이었던 빅토리아1819-1901 여왕의 이름을 따서 '빅토리아 폭포'라 명명하였다.

리빙스턴David Livingstone, 1813-1873은 일반인들에게 지리학자요 탐험가로 알려져 있다. 그러나 그는 어려서부터 선교에 헌신한 선교사였다. 그는 스코틀랜드에서 매우 가난한 부모 사이에서 태어났지만, 개인적으로 그리스도를 영접한 후 중국에 의료 선교사가 필요하다는 말에 끌려 방적 공장에서 일하면서 독학하여 신학과 의학을 공부하였다. 때마침 영국과 중국 사이에 아편전쟁이 발발하여 중국 선교사로 갈 수 없게 되자 아프리카 선교사인 '로버트 모펫'의 영향으로 남아프리카 선교사로 헌신하게 된다. 그 땅은 거의 황무지였으며 관목에 덮힌 땅이었지만 아프리카를 기독교 선교에 개방시켜야 한다는 집념으로 항상 위험과 질병에 시달리면서도 굴하지 않고, 유럽인으로서는 처음으로 아프리카를 횡단한 용감한 개척자였다.

어느 날 영국에 있는 몇몇 친구들이 리빙스턴의 고생을 조금이라도 덜어 주고자 다음과 같은 편지를 보냈다.

"리빙스턴, 낯선 땅에서 사랑을 몸소 실천하는 자네에게 박수를
보내네. 먼 나라에서 고생하는 자네를 생각하면 여기서 편히 지내
는 것이 부끄러울 뿐이네. 그래서 자네를 도와줄 사람을 몇 명 보
내려 하는데 그곳까지 가는 길을 상세히 적어 보내 주면 좋겠네."

하지만 그는 다음과 같은 내용으로 정중하게 그 제의를 거절했다.

"마음은 고마우나 이곳까지 오는 길이 있어야만 오겠다는 사람
들이라면 나는 사양하겠네. 이곳에서 진정 필요한 사람은 길이
없어도 스스로 찾아오겠다는 사람이거든."

리빙스턴은 선교사로서 아프리카의 길을 열었을 뿐만 아니라 또
한 그가 만든 지도를 따라 많은 선교사들이 아프리카 내륙으로 들어
갈 수 있었다. '천둥소리가 나는 연기'라 불렀던 아름다운 빅토리아
폭포를 발견하여 사막의 땅에 볼거리를 제공하였다.

개척자는 외로운 것이다. 때로는 환난이 있을 수 있다. 리빙스턴
의 아내는 병에 걸려 목숨을 잃었고, 영국 정부는 즉각 귀환하도록
명령했으나 그는 대원들만 보내고 홀로 밀림 속으로 들어갔다. 리빙

스턴 탐험대는 정글에서 여러 번 길을 잃고 헤매기도 하고 동료들 간에 오해와 불화가 끊이지 않기도 했다. 그렇지만 그는 죽는 순간 까지 무엇을 애절하게 기도하는 듯한 자세로 무릎을 꿇은 채 잠비아 에서 시체로 발견되었다. 그의 적극적이고 개척자적인 선교정신은 암흑의 땅, 아프리카를 꿈꾸는 다른 사람들을 위해 길을 닦도록 하 였다.

주어진 시간을 하나님의 계획을 실현하기 위해 고통과 불편을 감 수하여 아름다운 유산을 남겨보자. 개척자는 결과로 평가되어 진다 는 점을 잊지 말고.

준비 된 만큼 쓰신다

✛   중국 심양에서 있었던 일이다. 북경에서 비행기로 장춘을 향하여 가는 중이었다. 비행시간은 1시간 50분이다. 비행기를 타고서 기내 식사를 마치고 조금 있으면 도착하는 거리다. 이 날 식사를 하고 피곤하여 졸다 보니 착륙할 시간이었다.

그런데 특이하게도 내리는데 티켓을 한 장씩 나누어 주었다. 난 생각하기를 비행기가 연착을 했기 때문에 그에 상응한 선물을 주는 것으로 생각하며, 중국이 올림픽을 앞두고 많이 달라졌다고 신기해 하면서 비행기에서 내렸다.

그런데 비행기에서 내리면 응당 장춘이라고 글씨가 쓰여 있어야 하는데 생소한 글씨가 쓰여 있고 공항이 현대식 건물로 크고 깔끔한 인상을 주어 당황스러웠다. 이 공항은 우리가 보편적으로 알고 있는 '심양' 공항인데 '선양'이라고 부른다는 사실을 뒤늦게 알았다.

조금은 놀라 주위를 살펴보다 바디 랭귀지로 휴대폰 사용을 청했다. 그곳에서도 휴대폰은 보편적으로 사용되었다. 중국 아가씨는 기꺼운 마음으로 마중 나오기로 되어 있는 분과 통화를 도와주었다.

통화를 통해 장춘에 폭우가 내려 비행기가 장춘 공항까지 왔다가 다시 심양으로 선회하였다는 이유를 알게 되었다. 나는 공항 의자에 5시간을 기다리면서 동북 3성에는 조선족이 많이 살고 있다는 것을 알기에 조선말 하는 사람이 있는지 두리번거리며 찾았다. 그런데 모두 중국말을 하는 사람뿐, 백인 2명을 빼면 혼자 이방인이었다. 나는 이 사건을 통하여 두 가지를 생각하게 되었다.

하나는 문명의 이기를 누리는 복이었다. 손 안에 든 휴대폰이 가져 다 준 의사소통의 편리함은 너무나 큰 것이었다. 만일 가까이에 휴대폰을 가진 분이 없었다면 그 당황함이란? 생각하기도 싫다. 물론 선진국에서 전화하기는 그래도 쉬운 편이지만 개발도상국에 있는 나라에서는 참으로 번거롭고 고통스러운 경우가 많다. 과학의 발달이 가져다 준 고마움을 평생토록 기억할 것이다.

또 하나는 언제까지 바디랭귀지로 살 것인가에 대한 문제다. 사람이 사는 곳엔 말이 통하지 않아도 표정과 손짓으로 소통을 할 수가 있다. 그러나 이것은 한계적이다. 근래에 만난 한 형제는 이번 학기부터 서울여대에서 히브리어를 가르친다고 했다. 의아하여 "이스라엘에 가서 유학을 했느냐?"라고 물었더니 "한국에서 공부했다."라고 한다. 뿐만 아니라 영어, 불어, 독어를 했고, 현재는 나이 50이 넘었는데도 "중국어를 배운다."고 기쁨에 차서 이야기했다. 당신은 어떠한가?

우리는 뜨거운 여름에 학생, 학사수양회, 선교한국, 단기선교, 교회봉사, 성경공부 등을 통하여 비전을 보았으리라고 확신한다. 이제 훈련한 만큼 현장에서 실천하며 열매를 맺어가야 한다. 비전이 큰 만큼 준비도 착실히 해야 쓰임 받을 수 있다. 언제나 바디랭귀지로 살 수는 없다. 물론 생계를 꾸려나가고 일시적인 어려움을 헤쳐 나갈 수는 있을지 모르나 로마까지 정복할 수는 없다.

또한 과학이 가져 다 주는 이기만을 믿고 안일하게 살아서는 예기치 않은 일로 곤경에 빠질 수 있다. 우리는 끊임없이 준비해야 한다. 준비된 만큼 쓰시기 때문이다. 필자가 심양 공항에서 심장 박동 수가 빨라지며 얼굴빛이 붉어지는 것과 같은 곤욕을 겪지 않으려면 현재 처한 곳에서 준비해야 한다. 하나님은 이 일을 기뻐하시리라고 확신한다.

Matchmaker of the kingdom of God

기독대학인회(ESF: Evangelical Student Fellowship)는
사도행전 1장 8절에 근거하여
캠퍼스복음화를 통한 성서한국, 세계선교를
주요목표로 삼고 있는 대학생 선교단체입니다.

기독대학인회(ESF)
주소_ 01081 서울시 강북구 덕릉로 77 (수유동 47-68)
전화_ 02)989-3494
팩스_ 02)989-3385
홈페이지_ www.esf21.com
이메일_ esfhq@hanmail.net

ESP(Evangelical Student Fellowship Press)는
기독대학인회(ESF)의 출판부입니다.
기독대학인회 출판부(ESP)는
다음과 같은 마음을 품고 기도하면서 일하고 있습니다.
첫째, 청년 대학생은 이 시대의 희망입니다.
둘째, 하나님 말씀인 성경을 사랑합니다.
셋째, 문서사역을 통하여 성경적 세계관을 정립해 나갑니다.
넷째, 문서선교를 통하여 총체적 선교에 도움을 주고자 합니다.

기독대학인회 출판부(ESP)
전화_ 02)989-3476~7
팩스_ 02)989-3385
이메일_ esfpress@hanmail.net